新迷影丛书 · 主编 李洋

新迷影丛书 · 李洋 主编

Mauro Carbone

The Flesh of Images

Merleau-Ponty between Painting and Cinema

图像的肉身

在绘画与电影之间（增订版）

[法] 莫罗 · 卡波内 著　曲晓蕊 译

中国国际广播出版社

图书在版编目（CIP）数据

图像的肉身：在绘画与电影之间 /（法）莫罗·卡波内著；曲晓蕊译. -- 北京：中国国际广播出版社，2025. 7. --（新迷影丛书）. -- ISBN 978-7-5078-5759-7

Ⅰ. B565.59

中国国家版本馆CIP数据核字第2025AM6221号

著作权合同登记号 01-2025-0557

图像的肉身：在绘画与电影之间

著　　者	［法］莫罗 · 卡波内
译　　者	曲晓蕊
责任编辑	梁　媛
校　　对	张　娜
版式设计	邢秀娟
封面设计	赵冰波

出版发行	中国国际广播出版社有限公司［010-89508207（传真）］
社　　址	北京市丰台区榴乡路88号石榴中心1号楼2001 邮编：100079
印　　刷	北京启航东方印刷有限公司

开　　本	889 × 1230　1/32
字　　数	250千字
印　　张	6.75
版　　次	2025 年 7 月　北京第一版
印　　次	2025 年 7 月　第一次印刷
定　　价	48.00元

总　序

丛书以“新迷影”为题，缘于“电影之爱”，迎向“电影之死”。

“迷影”（cinéphilie）即“电影之爱”。从电影诞生时起，就有人对电影产生了超乎寻常的狂热，他们迷影成痴，从观众变成影评人、电影保护者、电影策展人、理论家，甚至成为导演。他们积极的实践构成了西方电影文化史的主要内容：电影批评的诞生、电影杂志的出现、电影术语的厘清、电影资料馆的创立、电影节的兴起与电影学科的确立，都与“电影之爱”密切相关。从某种角度看，电影的历史就是“迷影”的历史。“迷影”建立了一系列发现、评价、言说、保护和修复电影的机制，推动电影从市集杂耍变成最具影响力的大众艺术。

电影史也是一部电影的死亡史。从电影诞生时起，就有人不断诅咒电影“败德”“渎神”，预言电影会夭折、衰落，甚至死亡。安德烈·戈德罗（André Gaudreault）曾说电影经历过八次“死亡”，而事实上，电影经历的“死亡”次数要远超过这个数字。1917年，法国社会评论家爱德华·布兰（Edouard Poulain）出版了图书《反对电影》，公开诅咒电影沦为“教唆犯罪的学校”。1927年有声电影出现后，卓别林在《反对白片宣言》（1931）中宣称声音技术会埋葬电影艺术。1933年，先锋戏剧理论家安托南·阿尔托（Antonin Artaud）在《电影83》杂志上发表文章，题目就叫《电影未老先衰》，他认为电影让“千万双眼睛陷入影像的白痴世界”。而德国包豪斯艺术家拉斯洛·莫霍利–纳吉（László Moholy-Nagy）在1934年的《视与听》杂志上也发表了文章，宣布电影工业因为把艺术隔绝在外而必定走向“崩溃”。到了1959年，居伊·德波（Guy Debord）在《情境主义国际》的创刊号上公开发表了《在电影中反对电影》，认为电影沦为“反动景观力量所使用的原始材料”和艺术的消极替代品……到了21世纪，“电影终结论”更是在技术革新浪潮中不绝于耳，英国导演彼得·格林纳威（Peter Greenaway）和美国导演昆汀·塔伦蒂诺（Quentin Tarantino）分别在2007年和2014年宣布“电影已死”。数字电影的诞生“杀死了”胶片，而胶片——“迷影人”虔诚膜拜的电影物质载体，则正在消亡。

电影史上，两个相隔一百年的事件在描绘“电影之爱”与“电影之死”的关系上最有代表性。1895年12

月28日，魔术师乔治·梅里爱（Georges Méliès）看完了卢米埃尔兄弟的电影放映，决心买下这个专利，但卢米埃尔兄弟的父亲安托万·卢米埃尔（Antoine Lumière）却对梅里爱说，电影的成本太高、风险很大，是“一个没有前途的技术”。这可看作“电影终结论”在历史中的第一次出场，而这一天却是电影的生日，预言电影会消亡的人恰恰是“电影之父”的父亲。这个悖论在一百年后重演，1995年，美国批评家苏珊·桑塔格（Susan Sontag）应《法兰克福评论报》邀请撰写一篇庆祝电影诞生百年的文章，但在这篇庆祝文章中，桑塔格却认为电影正“不可救药地衰退”，因为“迷影精神”已经衰退，唯一能让电影起死回生的就是“新迷影”，“一种新型的对电影的爱”。所以，电影的历史不仅是民族国家电影工业的竞争与兴衰史，也不仅是导演、类型与风格的兴替史，更是“迷影文化”与“电影终结”互相映照的历史。“电影之爱”与“电影之死”构成了电影史的两面，它们看上去彼此分离、相互矛盾，实则相反相成、相互纠缠。

与亨利·朗格卢瓦（Henri Langlois）、安德烈·巴赞（André Bazin）那个“迷影”运动风起云涌的时代不同，今天的电影生存境遇已发生翻天覆地的变化。电影不再是大众艺术的“国王”，数字技术、移动互联网和虚拟现实等新技术缔造了多元的视听景观，电影院被风起云涌的新媒体卸下了神圣的光环，人们可以在大大小小各种屏幕上观看电影，并根据意志而任意地快进、倒退、中止或评论。在视频节目的聚合中，电影与非电影的边界日益模糊，屏幕的裂变、观影文化的变化、内容的混杂与文体的解放，电影的定义和地位承受着前所未有的挑战。因此，恪守特吕弗（François Truffaut）与苏珊·桑塔格倡导的“迷影精神”，可能无法让电影在下一次“死亡诅咒”中幸存下来，相反，保守主义“迷影”或许还会催生加速电影衰亡的文化基因。一方面，“迷影”倡导的“电影中心主义”建构了对电影及其至高无上的艺术身份的近乎专断的独裁式想象。这种精英主义的“圈子文化”缔造了“大电影意识”，或者“电影原教旨主义”，它推崇“电影院崇拜论”，强调清教徒般的观影礼仪，传播对胶片的化学成像美感的迷恋。另一方面，“迷影文化”在公共场域提高电影评论的专业门槛，在学术研究中形成封闭的领地意识，让电影创作和电影批评都拘囿在密不透风的“历史—行话”的系统中。因此，捍卫电影尊严及其神圣性的文化，开始阻碍电影通过主动的进化去抵抗更大、更快的衰退，“电影迷恋”与“电影终结”在今天比在历史上的任何时候都显现出强烈的张力。

电影的本质正在发生变化，“迷影”在流行娱乐中拯救了电影的艺术身份与荣耀，但这条历史弧线已越过了峰值而下坠。电影正面临痛苦的重生，它不再是彼岸的艺术，不再是一个对象或者平行的现实，它必须突破藩篱，成为包容所有语言的形式。浩瀚汹涌的视听世界从内到外冲刷我们的生活和认知，电影可以成为一切，或一切都将成为电影。正因如此，“新迷影丛书”力求用主动的寻找回应来自未来的诉求，向外钩沉被电影学所忽视的来自哲学、史学、社会学、艺术史、人类学等人文学科的思想资源，向内在电影史的深处开掘新的边缘文献。只有以激进的姿态迎接外部的思想和历史的声音，吸纳威胁电影本体、仪式和艺术的质素，主动拓宽边界，才能建构一种新的、开放的、可对话的“新迷影”，而不是用悲壮而傲慢的感伤主义在不可预知的未来鱼死网破，这就是本丛书的立意。我们庆幸在寻找“新迷影”的路上得到了学界前辈的支持，相识了许多志同道合的伙伴，会聚了一批充满激情的青年学者，向这些参与者致敬，也向热爱电影的读者致敬，并恳请同行专家们批评指正。

目 录

译序 I

再版前言 XXVIII

导言　肉身概念及当代视觉思考 XXXIII

第一章　肉身：一段误解的始末 1

梅洛－庞蒂：自然（La Nature）作为肉身 1

胡塞尔，大地（La Terre）与肉身 3

弗兰克、南希、德里达：身体与肉身 7

亨利，肉身与黏土 11

南希，肉身与石头 15

梅洛－庞蒂，弗洛伊德主义与肉身 17

肉身，石头与政治 20

世界化，“视觉领域”以及肉身的语义 25

第二章　需要很长的时间才能成为野蛮：梅洛－庞蒂看高更 / 高更看梅洛－庞蒂 29

怎样的肉身？德里达对梅洛－庞蒂的反对 29

野蛮存在 31

高更与“基督教身体的解构” 36

幕遮与晦暗：绘画中的可见性 40

第三章 “使人们看见”：梅洛－庞蒂与保罗·克利 46
不可见之物的可见性（la visibilité de l'invisible） 46
当今的“诗画一致”（*ut pictura poesis*——画如此，诗亦然） 50
在巴洛克世界中思考哲学 60

第四章 哲学家与导演：梅洛－庞蒂与面向电影的思考 67
不去解释，而是使人们看见：电影与哲学的历史共识 67
电影中的运动问题 83
图像本体论：互为先导的旋进（précession réciproque）图像 99

第五章 感性世界（已经）是一个表达世界：作为“反向检验”的“电影艺术” 112
《知觉现象学》尚未解决的核心理论问题 112
身体的区分能力 118
反向检验：电影中的运动现象作为表达 119

第六章 肉身之光：梅洛－庞蒂后期思想中的反柏拉图主义与新柏拉图主义要求 123
一种全新的光的理念 123

没有被理性之光照亮的理念：普鲁斯特 127
撒布逻各斯之光：谢林 133
黑暗与光的声音：赫尔墨斯·特里斯墨吉斯忒斯（肉身作为场域 chôra） 135

第七章 在生活与哲学之间的感性理念 142
非常规哲学（a-philosophie） 142
理念与空穷的同时诞生 147

译 序

为了到达那儿，
到达你所在的地方，
从一个你不在的地方启程，
你必须踏上那永远无法出离自身的旅途。
为了通达你尚且未知之处，
你必须经历一条无知之路。
为了得到你无法占有之物，
你必须经受那被剥夺之路。
为了成为你所不是的那个人，
你必须经由一条不为你所是的路。
而你不知道的正是你唯一知道的，
你所拥有的正是你并不拥有的，
你所在的地方也正是你所不在的地方。

［英］T.S. 艾略特

莫罗·卡波内教授是当代著名的梅洛－庞蒂研究学者，也是意大利语、法语、英语三语梅洛－庞蒂研究专刊 *Chiasmi International* 的创始人和主编之一。这本《图像的肉身：在绘画与电影之间》是卡波内关于梅洛－庞蒂哲学的系列著述中最新的一本，此前他曾以意大利语、法语等写作了一系列相关论著，如《不可见的可见性：从塞尚和普鲁斯特出发看梅洛－庞蒂》《感性的思考：梅洛－庞蒂的非常规哲学》《普鲁斯特与感性理念》等，并被译为英语、法语、葡萄牙语等不同版本在多国发表。卡波内对梅洛－庞蒂的讨论始终不曾远离对文学、艺术的思考（这也是梅洛－庞蒂本人在哲学思考中始终贯彻的原则），并且与作者本人对当今社会文化现象的反思紧密结合，这不但为我们从哲学、美学角度阅读和理解梅洛－庞蒂提供了鲜活丰富的阐释和明确指引，也极大地扩展了我们审视当代文化、艺术及社会现象的批评视角。

梅洛－庞蒂的哲学在世人眼中有着“模糊暧昧”的特征：一方面是哲学家的性格和思考方式使然，他坚持以问题为主导而不是以理论体系建构和立场为主导的哲学路径，每一个阶段性结论都只是向问题核心的靠近而不是对问题核心的定性（本书作者就在文中提到了萨特对梅洛－庞蒂摇摆不定的立场的批评，这反映了两人在性格和思考方式上的重要差异，梅洛－庞蒂也曾不止一次就萨特对于矛盾的不可调和的强调和坚定决然的立场表达过自己的不同观点），另一方面也是他力图达成的现代性思考在其突破前景和方法论障碍之间的根本矛盾所致，除此之外最根本也是最直接的原因，是梅洛－庞蒂过早离世而未能将工作完成的遗憾事实。因此呈现在我们面前的，就是这样一种“始终迫近却从未真正实现”[1]的对世界和彼此共同存在的理解，以及一些开放性的、在动态关系中逐步显形的概念。“肉身”就是这类概念的核心代表。

正如哲学家艾曼努埃尔·埃洛阿（Emmanuel Alloa）在《感性的抵抗：梅洛－庞蒂对透明性的批判》一书中针对梅洛－庞蒂哲学所发的感慨：“面对一段被死亡无情打断的思想，我们不能指责其尚无结论”，而如何在“思想全貌”“在作者写作时明确的诉求和为此采用的一整套方法之间找到梅洛－庞蒂哲学为我们留下的真正财富，才是批评工作所要揭示的重点”[2]。众多当代学者、梅洛－庞蒂研究专家为我们提供了从不同领域、不同角度对梅洛－庞蒂的解读。在本书中，卡波内教授为我们带来的独特视角，从可见性（visibilité）出发来阐释与

1　M. 梅洛－庞蒂，《可见的与不可见的》（*Le visible et l'invisible*，1964），由 C Lefort 将手稿整理出版，巴黎：Tel-Gallimard，1993 年，第 183 页（中文版罗国祥译，北京：商务印书馆，2008 年）。

2　E. 埃洛阿，《感性的抵抗：梅洛－庞蒂对透明性的批判》（*La résistance du sensible: Merleau-Ponty Critique de la transparence*，2008），巴黎：Kimé（中文版曲晓蕊译，福州：福建教育出版社，2017 年）。

理解肉身，并将其作为理解梅洛－庞蒂哲学创新性的关键点，这在理论本身的历史与相关研究发展的角度来看都是极为大胆的观点。

从梅洛－庞蒂早期的《行为的结构》《知觉现象学》开始，对身体的分析就被视为其哲学的重要特点，而肉身概念常被认为是他对胡塞尔哲学以及对自己早期身体理念的进一步发展，肉身的可逆性特征也是通过胡塞尔提出的现象学经典瞬间——我的左手与右手互相触摸的例证——来得到理解和阐释的。相对于由触觉经验揭示出的我的肉身的确凿性、可逆性及其内部主客体根本差异的取消，可见性一般被视为肉身概念发展的第二层，是从我的肉身向世界的肉身的扩展中产生的本体论意义、是人与世界的本体论联系的返回阶段（而不是出发点），并且以一种暧昧的方式"避免了指向某一主体或客体，同时集主动性、被动性于一身"（本书导言第XXXIII页）。作为这一思路的代表，雷诺·巴尔巴哈斯（Renaud Barbaras）教授在《肉身的三重意义：梅洛－庞蒂本体论思想的未解之结》[1]中指出："梅洛－庞蒂的

1　R. 巴尔巴哈斯，《肉身的三重意义：梅洛－庞蒂本体论思想的未解之结》（LES TROIS SENS DE LA CHAIR：Sur une impasse de l'ontologie de Merleau-Ponty），收入 *Chiasmi International* 10，2008 年，第 19-33 页。巴尔巴哈斯教授在这篇文章中的主要观点，以及较早的一篇《肉身概念的模糊性》（The ambiguity of the flesh），收入 *Chiasmi International* 4，2008 年，第 19-26 页，都在《梅洛－庞蒂肉身概念的难点》（Les diffécultés de la conception merleau-pontienne de la chair，邓刚译，《法兰西思想评论·第 5 卷》，上海：同济大学出版社，2010 年，第 40-65 页）一文中有所体现。

本体论建筑在我的肉身到世界的肉身的过渡基础上，以可逆性自身知觉为特征的我的肉身被扩展为存在即被感知的‘世界的肉身’。以身体为中介的感觉进入世界的过程揭示出一种深层的运动、即世界获得可见性的过程。从实体的肉身向本体论的肉身的过渡预设了我的肉身与世界的肉身之间绝对的连续性。但实际上，这种连续性只适用于客观的身体，通过自身感触的可逆性、主客体区分被化解，因此，这一概念向世界肉身的扩展不但是不合理的而且在现象学角度来看是无意义的，因为梅洛－庞蒂似乎不能在世界的肉身概念中彻底解释无主体的感觉问题。”

如果我们跟随巴尔巴哈斯的观点，或许有必要追问：若可见性并不指向主体性，视觉如何不依赖一个作为条件的主体自行在世界之中产生？若可见性不等于是可见的，那么我的肉身如何过渡为世界的肉身？难道它们不是被一分为二——“世界的肉身并不被感知为我的肉身——它是可感的，但并不是感知者”[1]——而最终未能超越先验意识哲学，始终在“实在论与观念论的对立”中摇摆不定[2]？梅洛－庞蒂是否在由知觉身体向世界的可见性的反转中，悄悄地偷换了概念，像巴尔巴哈

1　M. 梅洛－庞蒂，《可见的与不可见的》（*Le visible et l'invisible*, 1964），第 304 页。

2　R. 巴尔巴哈斯，《肉身的三重意义：梅洛－庞蒂本体论思想的未解之结》（LES TROIS SENS DE LA CHAIR：Sur une impasse de l'ontologie de Merleau-Ponty），收入 *Chiasmi International* 10，2008 年，第 54 页。

斯指出的那样，“那个在观众的帽子里出现的兔子，事实上并不是之前消失在魔术师丝巾中的那一只”？[1]

带着这些问题反观本书为我们提供的思考路径，它邀我们踏上一次另辟蹊径的迷宫之旅，像爱丽丝跟随着兔子的身影一样，在现实 / 想象、可见 / 不可见、光 / 阴影的交织中，在大地深处、在存在的深度中解开肉身的意义。

1.问题的出发点

为了“澄清此前对这一概念的各种误读和错误阐释”（本书第 13 页），本书第一章围绕肉身概念的意义做了梳理，通过对梅洛 – 庞蒂、胡塞尔、弗兰克、南希、德里达、米歇尔·亨利等人观点的比照揭示出这一概念在发展和讨论中形成的不同侧面。值得注意的是，在肉身概念的意义及其与胡塞尔哲学的联系中，卡波内首先选取了“自然”—“地面（sol / Boden）、大地（Terre）”这一联结点。也就是说，在他看来，梅洛 – 庞蒂所提出的肉身，首先呼应了胡塞尔后期哲学中的“大地”，即所有存在者共同的归属和交流的可能性前提。这也正是可见性的意义——那被胡塞尔称为 Leib

1　R. 巴尔巴哈斯，《肉身的三重意义：梅洛 – 庞蒂本体论思想的未解之结》（LES TROIS SENS DE LA CHAIR：Sur une impasse de l'ontologie de Merleau-Ponty），收入 *Chiasmi International* 10，2008 年，第 19-33 页。引文见第 47 页。

（身体），作为知觉和运动的经验统一体[1]的身体，与作为"一种神秘的、并非客体的对象"的自然之间交流沟通的可能性（本书第1页）。

这意味着——不同于巴尔巴哈斯将出发点"自然地"放在胡塞尔在《观念Ⅱ》中对身体的自触体验的阐述——在对肉身的思考中，处于第一位的并非知觉着的身体，而毋宁说，身体知觉只是考察的入口。因为对于梅洛-庞蒂来说——我们可以在他1933年和1934年向国家科学基金会提交的研究立项申请，即日后出版的《知觉的首要性及其哲学结论》一书中读到——"传统理论将知觉视为一种智力活动"，通过感觉材料和理性原则构建出一个作为对象的"客观世界"。而在他看来，格式塔心理学、精神分析、生理学和神经学等多学科的发展已经显示出，知觉始终是"在世界中的知觉"、是感知主体与世界的关系的体现；对世界的感知是理性认识的来源和基础，它"令它们得以重新返回地面"。所以对他来说，"整个研究和论述的出发点就是：知觉世界包含着各种关系以及一种整体组织方式，而传统的心理学和哲学尚未发现这一问题"。

这种"整体组织方式"虽然尚未得到心理学家和哲学家的关注，却并未消散在沉寂中。在梅洛-庞蒂看

1 参见E.胡塞尔，《欧洲科学的危机与超越论的现象学》（*La crise des sciences européennes et la phénoménologie transcendantale*），§28，G. Granel译，巴黎：Gallimard，1976年（中文版王炳文译，北京：商务印书馆，2005年）。

来，艺术、文学创作在这一点上比哲学更为敏感超前。20世纪40年代，在写作《知觉现象学》的同时，梅洛－庞蒂在《塞尚的疑惑》《电影与新心理学》等一系列文章中已经以艺术创造（绘画、电影等）为参照，探讨在现代艺术感知和艺术表达中呈现出的对人与世界关系的深层思考（《意义与无意义》）。在他看来，巴尔扎克、普鲁斯特、瓦莱里、塞尚的作品与自己所从事的现象学思考一样，致力于"把握处于生成中的世界的意义和历史的意义"[1]，画家探寻的目光揭示出"我们与世界的联系"（《塞尚的疑惑》）[2]、表现"被抛掷于世界之中、在他者的目光之下存在，并从中领会到自身存在"的意识，而"现象学哲学，或者说存在主义哲学的主要任务就是揭示我与世界、我与他者之间的内在性，向我们描述主体与世界、主体与他者之间充满悖论和混杂的联系，而不仅是对其作出解释"（《电影与新心理学》）[3]，这就是他在《知觉现象学》最后一章谈到的"在世界中存在"（être au monde）的真正的自由。

与这一观点相呼应的，是《知觉现象学》中对"处境"（milieu）的关注。拥有一个身体，对一个生物来说就是进入一个特定处境，形成一定的规划并为之辛劳

1　M. 梅洛－庞蒂，《知觉现象学》（*Phénoménologie de la perception*，1945），巴黎：Gallimard，1992年，第XVI页。

2　M. 梅洛－庞蒂，《意义与无意义》（*Sens et non-sens*，1948），第28页。

3　M. 梅洛－庞蒂，《意义与无意义》（*Sens et non-sens*，1948），第74页。

不息。身体不是一个闭合的感知主体，而是人与世界的纽带、“接合点”——这正是梅洛–庞蒂对胡塞尔意向性概念所做的创新理解。处境不是空间位置关系，而是“生于世间”的时空性体现。身体由处境所塑造，也同时改变着处境，与之融为一体。正是出于这一原因，在内部被感知的体验其实不仅是“在内部的，也是在外部的”（《电影与新心理学》）[1]，对于现象学来说“没有内在的人，人生存于世界之中，并在世界中认识自己”[2]。

所以，梅洛–庞蒂前期的知觉研究试图展现的，正是走出了先验意识、在意识与世界之间循环往复的知觉。他在 1951 年 9 月日内瓦国际会议上的发言（《人和厄运》[3]）中首次提出：20 世纪各学科研究（尤其以精神分析学说及文学创作为例）逐渐抹去了“身体”与“意识”之间的分界线，修正并进一步深入阐述了肉身（“chair，即‘corps animé’”）的概念，从而促进了一种新的身体理念的形成。

2.肉身与身体

由商务印书馆于 2008 年出版的《可见的与不可见的》（*Le visible et l'invisible*）的中文译本中，译者罗国祥教授在引言脚注中对肉身概念做了简短解释：“按照法

1 M. 梅洛–庞蒂，《意义与无意义》（*Sens et non-sens*，1948），第 75 页。
2 M. 梅洛–庞蒂，《知觉现象学》（*Phénoménologie de la perception*，1945），第 V 页。
3 M. 梅洛–庞蒂，《符号》（*Signes*，1960），巴黎：Gallimard，1993 年，第 28 页。

国梅洛－庞蒂研究专家 Pascal Dupond 的解释，la chair 在庞蒂著作中的意思相当于 le corps animé，指的是‘正在知觉着的、活动的、带着欲望的或痛苦着的身体’”[1]——这一注解将肉身概念与胡塞尔现象学中的身体紧密联系了起来。如果从《人和厄运》中的语句来看，这个说法似乎没有差错，毕竟相同的论述在梅洛－庞蒂笔下有迹可循。但实际上，这一解释存在两处问题。

首先，在《人和厄运》中，梅洛－庞蒂并不是在用肉身描述胡塞尔式的、以先验自我意识为中心的身体，而是强调意识与身体的不可分割。前面的这句话出现在《人和厄运》第二节的开头，是论述的出发点而不是结论。事实上，作者用身体与精神的结合引出了对弗洛伊德精神分析理论的阐释。在他看来，弗洛伊德学说的最大贡献就是建立了“一种新的身体概念”[2]，改变了我们对身体与生命的关系的理解，展示了身体与精神的错综联系以及意识与无意识的交织——“模棱两可的知觉”[3]的存在；同时，即使是最为个人性的、内在世界的代表，性欲“在整体上也是一种人与人的关系”[4]。

其次，在《可见的与不可见的》写作期间，也就是距离梅洛－庞蒂发言《人和厄运》的八年之后，他的

1　M. 梅洛－庞蒂，《可见的与不可见的》，罗国祥译，北京：商务印书馆，2008 年，第 4 页注释 1。

2　M. 梅洛－庞蒂，《符号》(*Signes*, 1960)，巴黎：Gallimard, 1993 年，第 28 页。

3　M. 梅洛－庞蒂，《符号》(*Signes*, 1960)，巴黎：Gallimard, 1993 年，第 291 页。

4　M. 梅洛－庞蒂，《符号》(*Signes*, 1960)，巴黎：Gallimard, 1993 年，第 292 页。

哲学已经完成了从现象学到本体论的转变，“世界的肉身”，他在《可见的与不可见的》中写道，“被描述为离析、多维度、连续性、潜在、僭越……我们已经身处这一存在之中，是它的一部分，……我的身体与世界由同一肉身构成，我的肉身被世界所分享，被世界所反映、所僭越，而我的肉身也同时僭入世界之中”，因此世界的肉身“不能用身体的肉身来解释……它们是同时的（simultanés）。世界的肉身并不被感知为我的肉身——它是可感的，但并不是感知者”。而恰恰作为这本书的译者，以这样一个胡塞尔式的身体的注解——作为自主意识与作为物质对象的躯体的统一的“经验的身体”——来诠释肉身概念，把肉身重新置于胡塞尔现象学语境中，首先就是以一种对 Leib 的简化认识掩盖了梅洛－庞蒂在整本书中的创新之处。

那么，是不是帕斯卡·杜彭（Pascal Dupond）教授在对梅洛－庞蒂文章的理解中出现了偏差？实际上，罗国祥教授使用的是杜彭编著的《梅洛－庞蒂词汇汇编》中 Chair 词条第一段解释的前半句，是一条不完整的引文，而如果我们读完原文整个句子，就会发现重点恰恰在于后半句的转折：

【肉身】

“肉身”概念与这个词的通常意义并不冲突，它包含了被现象学所称的“经验的身体”（corps vécu）或“有生命的身体”（corps animé），但它与通常意义下的身体区别之处在于：它所强调的并不是作为主体的身体存在与作为客体的身体存在之间的差别，与此相反，它强调了观看的主体与可见的世界之间的共同质地，两者不可分割、相互孕生，是世界的敞开和“开裂”，是作为观看者-可见者的存在整体。[1]

通过这段不幸中断的引文，我们可以推测，起码在当时的研究语境下，从现象学“身体”“意识主体”出发依然是我们谈到梅洛–庞蒂哲学时占据主导性的逻辑，以至于《可见的与不可见的》译者在向读者解释概念的时候，仅仅将注意力停留在“肉身”概念与这个词的传统用法的联系中，或者说，译者仅仅选取了肉身概念中较为明确的、与现有知识体系联系紧密的部分，而完全放弃了后一半更为“模糊”“暧昧”的特征以及放弃了对理论创新之处的关注。这是我们必须时刻警惕的惯性思维误区，遗憾的是在这一点上，甚至与理论最为贴近的译者也难免其误。

正如本书作者指出的，梅洛–庞蒂在对胡塞尔哲学的借鉴中，最为关注的是后期“大地”即“世界”的概念，他并没有将 Leib 理解为 chair，这一等同互译是

1 P. 杜彭，《梅洛–庞蒂词汇汇编》（*Le vocabulaire de Merleau-Ponty*），巴黎：Ellipses Marketing S. A.，2001 年，第 5 页。

后来由胡塞尔的译者迪迪埃·弗兰克以及梅洛–庞蒂的学生瓦登菲尔斯提出的[1]。在《知觉现象学》中，梅洛–庞蒂用了 corps vivant（活的身体）、corps opérant（行动的身体）、corps percevant（有感觉的身体）、corps phénoménal（现象的身体）、sujet incarné（肉身化主体）等来解释、转译 Leib。在后期梅洛–庞蒂看来，胡塞尔未能解决的是一种唯智主义残余，即身体性存在及其心理体验都仍旧受一个作为意向主体的意识支配，在先验意识中将世界统觉为透明可知的。现象学还原为我们带来的最大启示就是完全还原的不可能性，而他也反思了自己在《知觉现象学》中对这一问题讨论的不彻底性："我们的身体性不能像我在《知觉现象学》中那样将其置于中心，从某种意义上来讲，它只是世界的接合点。"[2]

3.从身体到肉身——不可还原的意向的距离

在 1960 年 5 月写下的一则关于"触摸–自触/视看–自视/身体–作为自我的肉身"的笔记中，梅洛–庞蒂写道："肉身，身体，并非自我触摸的感觉的总和……但也不是所有触感与运动感觉的总和，而是

1　见本书第一章："弗兰克、南希、德里达：身体与肉身"一节的开头及第 11 页注释 1。

2　出自未经发表的《可见的与不可见的》笔记（收藏于位于法国国家图书馆的梅洛–庞蒂资料馆）。

'我能'（je peux）"[1]，不过，这个我能并不是意向性的我能（ich kann，胡塞尔），而是始终处于世界之中、处于与他者的汇合（jonction）之处[2]、通过出离自身（Ek-stase）而达到的自视（réflexion，反思）、一种"不断失败中的成功"[3]。

如果我们沿着巴尔巴哈斯的思路，依然从身体的可逆性出发思考肉身，似乎只能将肉身视为一种"身体化"，而将肉身与世界的分离而不是两者的接合作为前提，尽管有自身感触的确实性作为基础，最终却无法达成我的肉身与世界的肉身的连续，只能导向一种"不断成功背后的失败"。

巴尔巴哈斯在《梅洛－庞蒂肉身概念的难点》中写道：

> 对自我身体的触摸，具有一种基本的可逆性特征——在任何时候，正在触摸的身体都可以相对于它触到的身体的部分，变成被触的一方——而在此之上肉身最本质的存在模式也得以显露出来。……肉身之中没有任何一部分不能成为主动的感知者，而任何主动的感觉，只要一旦在身体上被定位，都可以转化为另一触摸的客体。

1 M. 梅洛－庞蒂，《可见的与不可见的》（*Le visible et l'invisible*，1964），第 303 页。
2 M. 梅洛－庞蒂，《可见的与不可见的》（*Le visible et l'invisible*，1964），第 302 页。
3 M. 梅洛－庞蒂，《可见的与不可见的》（*Le visible et l'invisible*，1964），第 303 页。

文中将触摸 – 自触的模式理解为感知者和被感知者的转化，因此肉身的可逆性依然遵循着一种主客体区分的规则。也就是说，自触中的可逆性由两个瞬间组成：首先进行触摸的手作为触摸者感知身体的瞬间 / 身体的感觉被触动（触摸在身体上被定位），从而发出动作的手从触摸者转为被触摸者的瞬间。所以，尽管这一过程显示出触摸在双方向的可能性，两者却并非同时发生。而我们不得不承认，在动作的出发点，在感知者和被感知者的区分中，先验意识依然作为“前提”推动着整个过程。毫不意外，对于巴尔巴哈斯来说，梅洛 – 庞蒂的本体论转向是一种“意识的反转”（inversion intentionnelle）[1]，因为他（巴尔巴哈斯）所理解的触摸 – 自触依然是以意向性（intentionnalité）为出发点的。

我们现在可以理解，对于他来说，肉身概念的难点就在于梅洛 – 庞蒂“对肉身概念的单义性的强调”，因为这种理解掩盖了肉身内部“感知者和被感知者的区分，即意向的距离”，“这种关系无法如其所是地被传递给外在性”[2]，所以造成了肉身概念内部的断裂：“说世界能够感受自身、世界像我的肉身一样自行呈现，这个说

1　R. 巴尔巴哈斯，《肉身的三重意义：梅洛 – 庞蒂本体论思想的未解之结》（LES TROIS SENS DE LA CHAIR：Sur une impasse de l’ontologie de Merleau-Ponty），收入 *Chiasmi International* 10，2008 年，第 19-33 页。引文见第 46 页。

2　R. 巴尔巴哈斯，《肉身的三重意义：梅洛 – 庞蒂本体论思想的未解之结》（LES TROIS SENS DE LA CHAIR：Sur une impasse de l’ontologie de Merleau-Ponty），收入 *Chiasmi International* 10，2008 年，第 19-33 页。引文见第 52 页。

法是没有意义的”“主体性通过身体向世界中的下降对应了世界向现象性的上升，但这一上升并非朝向主体性。这两种方向相反的运动并不互相协调，其中一个（感知的主体）的出发点无法成为另一个的到达点，我们完全无法理解，一个内在于世界的显现如何导致主体，可见性如何能够产生视觉”，因为“主体并不是一个时刻，也不是某种程度的可见性的聚焦，而是可见性的条件”[1]。

但这样的思路似乎早已偏离了梅洛－庞蒂本人的观点。没有什么比梅洛－庞蒂本人对这一问题的解答更有说服力。在《交错与交织》中，梅洛－庞蒂首先也“按照身体一词的一般意义去理解它”，即“一个双重存在——既是众事物中的一个事物，又同时是看见事物和触摸事物者。显然两种特征在它身上得到统一，而它同时作为主体和对象的身份”——正如前面巴尔巴哈斯论述的那样——“揭示了这两个范畴之间很令人意外的关系”[2]。然而在下面几行他随即指出：“我们不应该——像刚刚的论述中所做的那样——说身体是双重存在，其中一层，即‘可感的’存在与外部世界紧密相连；它并不是双重存在，也没有两个层面，它既不仅仅是被看到的

1　R. 巴尔巴哈斯，《肉身的三重意义：梅洛－庞蒂本体论思想的未解之结》（LES TROIS SENS DE LA CHAIR：Sur une impasse de l’ontologie de Merleau-Ponty），收入 *Chiasmi International* 10，2008 年，第 52-53 页。

2　M. 梅洛－庞蒂，《可见的与不可见的》（*Le visible et l’invisible*，1964），第 178 页。

物体、也不仅仅是观看者。”[1] 在梅洛－庞蒂看来，物体与观看者的区分将再次把我们带回唯智主义二元对立，以分离的视角剥夺存在的厚度和感知的复杂性——“层或者层面这种说法，还是把原本活生生的、直立的身体中交融存在的东西置于反思的目光之下，把它们压扁、并排铺开”[2]。而在《知觉现象学》中他早已指出，触觉与被触的体验揭示的是同时性的“含混的组织”[3]，在1960年的笔记中，他继续强调：自触 / 自视“并非一种行动，而是存在方式（être à）”，并非“把自身作为对象来感知”，而是“向自我开放”；而这也远非“通达自身”的手段，毋宁说是出离自身，“自我”（soi）作为其中的间隔（écart），总是被隐藏、潜在地存在[4]——我对自身的感知向我揭示的总是一种始终迫近却无法达到的不可见的深渊[5]。

所以，我们可以由此得出结论，似乎不是梅洛－庞蒂而是巴尔巴哈斯本人，通过将胡塞尔的身体概念作为肉身的出发点，“直接把在触摸中发现的可逆性注入对世界的考察”，又把身体设为世界的肉身中“进行感知的、主动的极点”，因此在我的肉身向世界的肉身的扩展中“导

1 M. 梅洛－庞蒂，《可见的与不可见的》（*Le visible et l'invisible*，1964），第 179 页。
2 M. 梅洛－庞蒂，《可见的与不可见的》（*Le visible et l'invisible*，1964），第 179 页。
3 M. 梅洛－庞蒂，《知觉现象学》（*Phénoménologie de la perception*，1945），第109 页。
4 M. 梅洛－庞蒂，《可见的与不可见的》（*Le visible et l'invisible*，1964），第 297 页。
5 M. 梅洛－庞蒂，《可见的与不可见的》（*Le visible et l'invisible*，1964），第 298 页。

致意识观点的复辟"[1]。而第一章也提醒我们，梅洛 – 庞蒂已经指出，胡塞尔的身体概念仅仅"颠倒了传统形而上学的'之下'和'之上'，并将这种区分溶解、隐藏于体验的分层沉积观念之中"，这无疑是在"'分辨、厘清本来混杂在一起的东西'，也就是肉身"（见本书第 7 页）。这也解释了他对问题入口的选择。通过可见性对肉身的定义，正是希望通过对这原本"含混的组织"的描述、通过"肉身存在的体验"，真正进入原初存在的意义。"只有通过世界的肉身，我们才能最终理解自我身体"[2]。

4.交织——身体与世界

尽管在《梅洛 – 庞蒂肉身概念的难点》中巴尔巴哈斯对胡塞尔的身体概念和梅洛 – 庞蒂的肉身概念的理解受到了无法还原的意向主体性阻碍，但文章也同时指出了一个重要的事实：在胡塞尔对身体统觉的分析中，对我的身体的认识"在某个既非身体性、也非主体性的现实之上展开"，而这一现实"正是肉身的概念"[3]。

胡塞尔后期在《笛卡尔的沉思》和《观念Ⅱ》中

1 R. 巴尔巴哈斯，《肉身的三重意义：梅洛 – 庞蒂本体论思想的未解之结》（LES TROIS SENS DE LA CHAIR：Sur une impasse de l'ontologie de Merleau-Ponty），收入 *Chiasmi International* 10，2008 年，第 54 页。

2 M.梅洛 – 庞蒂，《可见的与不可见的》（*Le visible et l'invisible*，1964），第 299 页。

3 R. 巴尔巴哈斯，《肉身的三重意义：梅洛 – 庞蒂本体论思想的未解之结》（LES TROIS SENS DE LA CHAIR：Sur une impasse de l'ontologie de Merleau-Ponty），收入 *Chiasmi International* 10，2008 年，第 42-43 页。

指出，我对我的躯体的认识并非由单独的抽象思考得到的，而是借助于一种双向统觉、一种我与他人的交织结构来完成的，他人的存在是其中必不可少的因素。1951—1952 年，梅洛 - 庞蒂在索邦大学开设的课程《人文科学与现象学》(*Les science de l'homme et la phénoménologie*) 讲稿中也明确阐述了这一"意向的跨越"在意识与身体问题上的重要性[1]。我们在此借用娜塔莉·德帕兹 (Natalie Depraz) 在《超验性与身体化》[2]一书中的图示来对其进行阐释 (值得注意的是，德帕兹也用了 chair 来翻译德语中的 Leib):

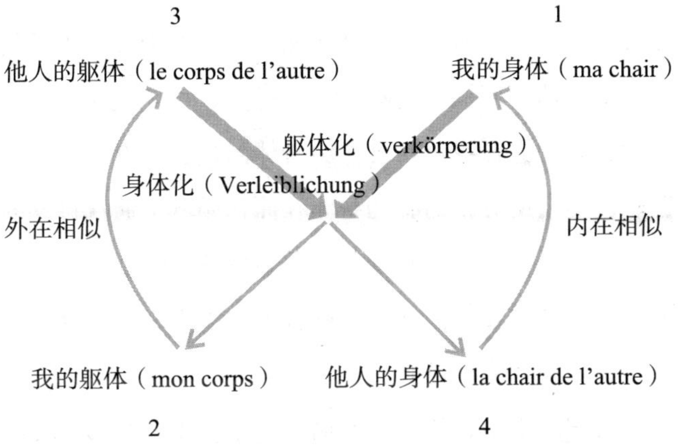

1 R. 巴尔巴哈斯，《肉身的三重意义：梅洛 - 庞蒂本体论思想的未解之结》(LES TROIS SENS DE LA CHAIR: Sur une impasse de l'ontologie de Merleau-Ponty)，收入 *Chiasmi International* 10，2008 年，第 190-242 页。

2 N. 德帕兹，《超验性与身体化》(*Transcendance et incarnation*)，巴黎：Vrin，1995 年。

从图示中可以看出，这是一个典型的交织结构，其中四个极点代表的四个环节相互交错，图中粗箭头表示的是我与他人的同时在场。我通过对面前的他人躯体与自身躯体的外在相似性的统觉而将我的身体把握为躯体，同时，这种相似性通过对自身作为身体的觉知而转化为内在相似性，从而将他人的躯体把握为身体。显然，在这一过程中，他人躯体的在场是躯体化发生的必要条件，而我的身体的在场则是身体化的必然前提。同时，这种交织结构是非对称的，其中 1 是交织结构的绝对起点，因为我的身体是“原初地具有身体性的唯一躯体”（《笛卡尔式的沉思》，50 节），而由 1 到 2 的躯体化过程建立在 3 所提供的外在相似性，即由视觉（及其他感觉整体）所提供的现实性基础上；由 3 到 4 的身体化过程则建立在我对自己作为身体的统觉之上，也就是巴尔巴哈斯所分析的我的身体在原初领域中通过自反的触觉将自身构建为具有客观生理躯体的主体存在，进而通过一种“内在相似性”在两种统觉（内在的和外在的统觉）之间达成了过渡。

德帕兹指出，胡塞尔所描述的这种交错结构正对应了梅洛－庞蒂在《可见的与不可见的》笔记中的论述，正是这一（在《知觉现象学》阶段还无法摆脱“唯智主义”倾向的）身体化概念在《可见的与不可见的》中获得了本体论意义、通过“将意志‘浇注’到躯体之中”，梅洛－庞蒂“不但使身体成为一种存在方式而非拥有之物，而且指出身体是我们的**首要**存在方式”[1]。

然而，针对梅洛－庞蒂的这一阐发，她随后追问道，如果意识被如此灌注在身体之中并浸没在世界的肉身之中，经验的身体如何能够保持其唯一、绝对的地位？我们是不是还能继续将肉身化视为与生俱来的给予？经验是否能将我们在世界中的存在一次性地、完整地呈现给我们，又或者，对肉身化的理解将成为一个无法解决的问题、一种看不到尽头的寻找和努力，我们永远无法确定有完成之日？如果我们早已是世界的肉身的一部分，我们的躯体是否还能保有对意识的抵抗、在意识面前保持自身的不透明性、他异性？[2]

正如我们在前面指出的，德帕兹也将身体与肉身互译，不可避免地从身体化（incarnation）角度看待梅洛－庞蒂提出的肉身（从书名《超验性与身体化》也可一见端倪）。而她更为关注的是被胡塞尔视为绝对中心的我的身体与先验主体意识在世界肉身中的贯穿。对梅洛－庞蒂来说，肉身概念自提出之时，首先是对我的身体对自身的原初给予的确定性的废除（例如身体的“厚度”及意识与无意识的交织），经验的身体不再作为对世界感知中“唯一、绝对的”确定性，取而代之的，它代表

1　N. 德帕兹，《超验性与身体化》（*Transcendance et incarnation*），第 136 页。
2　N. 德帕兹，《超验性与身体化》（*Transcendance et incarnation*），第 138 页。

了世界的肉身向自我的审视和发问，代表了一种探索的能力、一种“反思”（réflexion）。

依然以左手触摸右手的例子来说明：在1945年的《知觉现象学》中，梅洛-庞蒂指出：“当我的两只手互相触摸时，我并没有像感知两个并列的事物一样同时接收到两种感觉，而是感到一种含混的组织”[1]，在1959年写下的《哲学家与他的影子》文中，梅洛-庞蒂指出：“当我的右手触摸我的左手的时候……此时我的左手也开始感觉到我的右手，es wird Leib，es empfinfet（它变成了身体，它在感觉）。那物质的存在有了生命……一种探索的能力居于其上或者说栖于其中。因此，我触摸到我能触摸，我的身体完成了‘一种反思’。”[2]但是，身体所表现出来的近乎“自反”的重叠，并非一种身体内部的自我构建行为，并非我的意识在所有可感物之间做出了联系，而是“我自身的不可见性”通过出离自身走向世界、通过对世界的知觉得以补全[3]，它是对身体中一种“深刻的回环性”的觉知，“也就是肉身”，而“身体所寓居的世界因此获得了新的意义”[4]。

因此，对于梅洛-庞蒂而言，交织意味着一种回环性，我在统觉他人的同时也形成了一种对自我的反省

1 梅洛-庞蒂，《知觉现象学》（*Phénoménologie de la perception*，1945），第109页。

2 M.梅洛-庞蒂，《符号》（*Signes*，1960），巴黎：Gallimard，1993年，第271页。

3 M.梅洛-庞蒂，《可见的与不可见的》（*Le visible et l'invisible*，1964），第297页。

4 M.梅洛-庞蒂，《文集Ⅱ》（*Parcours II*，1951-1961），拉格拉斯：Verdier，2000年，第304页。

和对过去的理解，是双向的过程，“交织的观念，也就是说，一切与存在的联系都是同时的把握与被把握”[1]。所以，巴尔巴哈斯所说的胡塞尔身体理论与肉身概念的深层联系，就在于这个“既非身体性、也非主体性的现实”、这种我与他人的交织结构，也就是意味着“存在者共同的归属和交流的可能性前提”（见本书第 6 页）的肉身。它是所有对世界的认识、普遍感受性的现实基础和内部结构。正是出于把握这一交错循环的需要，梅洛－庞蒂对胡塞尔在《观念Ⅱ》中对作为打破主客体区分、反思自身并反思他者的典型模式——触觉模式进行了重新阐述，并隐含地扭转了胡塞尔对触觉相对于视觉所具有的绝对优越性的观点，对知觉与反思的根本模式进行了重新定义[2]。

在 1958—1959 年的法兰西学院课程概要（《哲学的可能性》）中，梅洛－庞蒂指出，胡塞尔后期从客观世界向生活世界（*Lebenswelt*）的返回，令我们

> 不再需要理解为什么一个自为能从它的绝对坚实性出发去思考一个他人，或者在它构造世界之际去思考一个已经预先存在的世界：自我内在于世界或从世界到自我，

1 M. 梅洛－庞蒂，《可见的与不可见的》（*Le visible et l'invisible*, 1964），第 313 页。

2 参见 E. 埃洛阿，《感性的抵抗：梅洛－庞蒂对透明性的批判》（*La résistance du sensible: Merleau-Ponty Critique de la transparence*），巴黎：Kimé，2008 年，第 81-87 页，第四章中“肉身本体论”一节对交织的图例，以及“触摸可见的”对不可触和不可见的分析。（中文版第 125-134 页）。

从自我到他人和从他人到自我，这就是胡塞尔称之为交织（Ineinander）的现象，它沉默地铭刻在一种整体的经验中，这些并非共同可能的东西都被这一经验所包含，而哲学就是在给定的逻辑和词汇之外，尝试着去描述这一活生生的悖反之世界。还原不再返回到理想的存在，它要把我们引向赫拉克利特之魂，是诸视域的连环，是一种开放的存在。[1]

5.从触摸到视觉，可逆性与可见性

德里达指出，梅洛－庞蒂在 1960 年 5 月的同一则笔记中把对不可见的论述引入了不可触问题。“不可触（也就是不可见：因为同样的分析完全可以应用到视觉之上……”——关于不可见问题的插入语没有用括号闭合，而此后论述重点再也没回到不可触问题上[2]。然而，梅洛－庞蒂 1943 年在《塞尚的疑惑》中就已写道：“在原始知觉中并没有区分触摸和观看。是后来关于人类身体的科学知识告诉我们去分辨各种感觉。”以视觉代替触觉，并非在两者间进行取舍，而是在两者在知觉中的统一前提下，用视觉模式更好地阐释肉身、阐释人与世界之间的可逆性关系，解决胡塞尔理论中无法根除的唯智主义残余。“不可触”的意义始终包含着分离与断

1　M. 梅洛－庞蒂，《哲学的可能性》，第 249-255 页。引文见第 253-254 页。

2　J. 德里达，《相触 Ⅲ》（Tangente *III*），收入《让－吕克·南希：触感》（*Jean-Luc Nancy. Le toucher*），巴黎：Galilée，2000 年，第 209-244 页。引文见第 241 页。

裂，而“不可见”则蕴含在可见世界之中、描述了知觉世界的超越性、其中蕴含的特殊时间性以及对意义的觉知必然经历的循环往复。以视觉来阐释可逆性意味着不再依赖“纯然确定”的触觉，而是让知觉回归到生存体验“不可还原”的模糊性中去，以“比习常所见更多”的观看作为进入存在的超越性、进入世界肉身的入口（详见本书导言第XXXⅦ页中对“所见更多”和超视觉的论述）。“真正的哲学就是要重新学会看世界。”[1]可逆性因此并不代表意识的全知视角，而是对人存在于世界之中、与世间万物联系一体的循环的觉知，是交织了感觉、想象和直觉的现实，是对宇宙之“道”的体悟——视觉不是由外部的观察，而是“内在于世界的思考”[2]，可见世界同时也是“身体在世界中的存在的对等物”，这就是为什么视觉中的图像同时拥有着“肉身的质地”，身体与世界之间不可见的联系以这种方式成为可见的、表现出它们之间“无概念的聚合”[3]。“梅洛－庞蒂后期正

1　M. 梅洛－庞蒂，《知觉现象学》（*Phénoménologie de la perception*，1945），第XVI页。

2　F. 达斯图，《梅洛－庞蒂与内在思考》（Merleau-Ponty et la pensée du dedans），参见 Marc Richir 与 Etienne Tassin 主编，《梅洛－庞蒂：现象学与体验》（*Merleau-Ponty: Phénoménologie et expériences*），格勒诺布尔：Millon，1992年，第42-56页。后收入 F. 达斯图，《肉身与语言：论梅洛－庞蒂》（*Chair et langage. Essai sur Merleau-Ponty*），维尔萨：Encre Marine，2001年；及 Emmanuel de Saint Aubert 主编，《莫里斯·梅洛－庞蒂》，巴黎：Hermann Éditeurs，2008年，第125-144页。

3　I.M. 迪亚斯，《梅洛－庞蒂：感性诗学》（*Merleau-Ponty une poïétique du sensible*），图卢兹：Presses Universitaires du Mirail，2001年，第126页。

是为了追随这些循环，才从身体出发思考肉身，同时又从肉身出发思考身体，他把肉身定义为可见性正是对此最佳的证明。”（见本书正文第 7 页）

肉身中包含的“可逆性”关系一直是理解的难点，众多学者都将其视为梅洛－庞蒂“肉身”理念的薄弱环节，认为它代表了个体界限在世界中的失落（N.D.）、对世界的和谐化和对本质矛盾的回避（R.B.），从而令肉身含有向基督教回归（德里达），对人的生命力、生存境遇的理想化和削弱（德勒兹：“肉身太过柔软”）、一种隐藏在全知全感中的理性视角（利奥塔：“无所不知的肉身”）以及万物有灵论等问题，同时遗憾于作者本人仅仅留下了矛盾暗示却未能完整阐发。卡波内教授在书中着力指出的，正是这一历史性误解的根源，以及梅洛－庞蒂思想本身的连贯一致性。以“可见性”为契机来阐释肉身，显示出梅洛－庞蒂脱离传统哲学无法根除的主体之思，对理性主义“视角”的批判与革命。无论是重返原初视觉，对肉身符号的文化、历史性分析，现代艺术创造论的阐发还是对新柏拉图主义的颠覆，都延续了走出二元对立的理性哲学传统视角、返回生命体验本身、以时代之思使哲学重新焕发生命力的目标。而对“旋进”运动和图像本体论的阐释也让理论与历史、当下社会现实的关联更为显著地展示出来。

如此，这本书中的思考邀请我们踏上一条非常规哲学（a-philosophie）的道路，在生活的体验与反思中寻找人与世界、人与人之间“亲密的共存”。这是哲学有待完成的任务、是思想本身的任务，它引导着我们不断从当前体验世界的方式出发，对其做出新的理解和阐释。它是梅洛－庞蒂哲学为我们留下的疑问和挑战，也是这一有待完成的思想给予我们的最大财富。

曲晓蕊

里昂 索恩河畔

2015 年 6 月

再版前言

在位于瑞士伯尔尼的保罗·克利博物馆，展厅中好几幅由克利创作的素描作品都有着相同的标题：*Urwege zur Form*，一度被翻译为《形式的生成》(*Form Generation*)。当然，我们不能忘记，克利在自己的理论中构想了一种形式的生成——自发的，不需要参照任何先在的范本。因此，我们应该将他所说的生成理解为由场域（khôra）产生的，正如我在本书中论述的那样，将其与梅洛－庞蒂的“肉身”概念相呼应。事实上，如果在本书中我论述的第一步是以“可见性”来理解肉身，那么这一思路必然将我们引向晚期梅洛－庞蒂对“光的新概念”的重要探索。梅洛－庞蒂认为，光不应再被理解为与阴影的对立——即使这是柏拉图在“洞穴之喻”中奠定并流传下来的某种西方传统。相反，应该在它与阴影的本质联系中去理解光。在写作本书时，我感到似乎可以把对“光的新概念”的探索加以延伸，并因此获得充足的论据来构想一种反柏拉图的场域概念。

事实上，在我看来，晚期梅洛－庞蒂表现出一元论态度，试图构想一个唯一的本体论要素，将柏拉图所区分的三要素——理想模型、这些模型的图像以及作为“母体和容器”的场域，是它在这些图像基础上生成的感性世界——统一起来。梅洛－庞蒂一直认为一元论是摆脱这种形而上学思维方式的唯一可能的态度。正因如此，他才提出了名为“肉身”的单一本体论元素，在本书中，我将它定义为一个“处于不断分化之中的差异性统一整体”。而“肉身”中包含的不断分化的进程又是由我所描述的差异性可视化原则所产生的，这种可视化由光与阴影的本质联系构成，甚至可以更进一步——根据梅洛－庞蒂在《眼与心》中提到的对赫耳墨斯·特里斯墨吉斯忒斯的解读——它包含在场域自身的阴影转化为光的过程之中。我认为，这正是梅洛－庞蒂晚期探索的方向。也正因如此，我在这一思考中看到了对作为可见性的肉身的本体论反思的局部。

显然，正如我在书中所写，这种反思意味着“从本体论的角度重新肯定存在所赖以显现的表面”。与占据主导地位的西方传统不同，这个表面不应再被理解为一层将会减弱甚至掩盖真理的纯粹之光的面纱——需要将其揭开甚至刺穿——也不应被理解为一扇敞开的窗户，任我们的目光穿其而过[1]。相反，在梅洛－庞蒂的著作中，这种表面通常被描述为一种晦暗的表面，它能让我们看到图像，而真理就这样带着其本质构成的“模糊性”在图像中显现出来，正如在图像—背景的关系或者对频闪运动的感知[2]中发生的那样。

在此基础上，在本书中，我的一个重要目的就是说明梅洛－庞蒂是如何预见到当今视觉文化研究的某些方面，并强调他的思考如何为我们提供了诠释学工具、帮助我们解释当今的视觉体验。换句话说，我的努力不仅仅是为了将梅洛－庞蒂引入电影研究领域，也是为了将其引入视觉文化研究领域，并同时将视觉文化研究引入梅洛－庞蒂的“可见性本体论”研究的核心，从而能够在当今语境下推动这项研究的进一步发展。

当然，要实现这一目标，还有许多工作要做，而且要朝着几个不同的方向去做。

因此，为了在本书的中文新版中进一步探索梅洛－庞蒂哲学与电影研究领域的联系，我新加入了一个章

1　众所周知，自文艺复兴时期的透视理论的出现，特别是莱昂·巴蒂斯塔·阿尔贝蒂（Leon Battista Alberti）在他的《论绘画》（*De Pictura*）一书（最初于1435年以拉丁语出版）中提出以下著名论断以来，窗口模式在西方文化里一直占据主导地位：“让我告诉你们我在作画时是怎么做的。首先，我在要作画的表面上画一个长方形，尺寸随意，**我把它看作一扇敞开的窗户，透过它可以看到我要画的主题**”[L.B. 阿尔贝蒂，《论绘画与雕塑》（*On Painting and On Sculpture*），Cecil Grayson 译，伦敦：Phaidon，1972年，第55页]。

2　频闪运动是由某一背景上一系列快速更迭的图像创造出的明显运动，令我们可以将一组电影镜头感知为完整段落。

节——第五章——目前为止在本书所有语言版本中都没有出现过，它涉及梅洛－庞蒂1953年在法兰西学院开设的第一门课程。这门课的标题是"感性世界与表达世界"，它准确地提出了作者在《知觉现象学》及其同类文章中触之未及的一个核心理论问题，尚未以明确和令人满意的方式得到解决，那就是两个"世界"之间的关系问题，而课程标题只是用了一个最简单的连词"和"来并列这两个"世界"。

然而，在课程中描述的思考轨迹显示出梅洛－庞蒂一直致力于克服这一问题。他的思考轨迹可以概括为一句话，它巧妙地修改了课程标题：感性世界（已经）是一个表达的世界。课程最后一部分"以绘画和电影艺术中的运动为例"[1]无疑说明了这一观点。此外，在最近发现的一份梅洛－庞蒂于1949年在"巴黎大学文学院电影研究院"所做讲座的笔记中，还可以找到其他与电影有关的例子。

至于在当今语境下进一步发展"可见性"本体论的计划——我们的时代已经与梅洛－庞蒂的时代渐行渐远——这也是我在本书之后发表的另一本书中研究的主题，这本书也有了中文译本：《屏幕－哲学：从电影到

1　M. 梅洛－庞蒂，《法兰西学院课程笔记（1952—1960）》（*Résumés de cours. Collège de France 1952-1960*），巴黎：Gallimard，1968年，第77-78页。

数字革命》。感谢中国国际广播出版社将这两本书一并带给中国读者。

莫罗·卡波内

2024年12月4日于里昂

导言　肉身概念及当代视觉思考

时至今日，“肉身”概念是梅洛－庞蒂后期思想的核心问题已是众所公认的事实。但常常被忽略的是，这个被称为“肉身”的“元素”其实还有另一个名称，那就是“可见性”[1]。而后者是一个非常有意思的词，因为对这个词的选择使它避免了指向某一主体或客体，同时集主动性、被动性于一身。在因为突然辞世而未及完成的《可见的与不可见的》一书手稿中，梅洛－庞蒂就指出“可见性”元素“既不属于作为事实的身体、也不属于作为事实的世界”，因此，它的存在令“观看者与可见者的身份互相调换，我们再也分不清究竟是谁在看，又是谁被看到”[2]。此外，梅洛－庞蒂的“可见性”概念

1　“我们刚才称之为肉身的正是这种可见性、这种感性自身的普遍性、这种我自身固有的匿名性；我们也知道，它在传统哲学中还尚未被命名。”参见 M. 梅洛－庞蒂，《可见的与不可见的》，第 183 页（中文版第 172 页）。另，本书中所有引文，若有相应中译本，译者都尽量列出，以供读者参考，但所有标出中文出处的译文均经由译者按原书及行文重新修订。——译者注

2　M. 梅洛－庞蒂，《可见的与不可见的》（*Le visible et l'invisible*，1964），第 183 页（中文版第 171-172 页）。

指的不仅仅是可见的整体，还包括其中的动态线以及由它们所暗示的维度所构成的内部 / 外部界域。最后，梅洛 – 庞蒂从索绪尔的语言学理论中得到启发，以区分的视角看待各可见者，也就是说，不是作为事物或者颜色，而是“作为事物与颜色之间的区别、作为有颜色的存在、或者说可见的存在的短暂凝结”[1]。后者因此作为分化的组织出现，可见与不可见在其中交织存在，不可见的通过可见本身间接地显现出来。

通过以上描述可以看出，“可见性”元素的提出一方面是对传统西方哲学基本范畴的挑战，另一方面宣告着一种全新本体论视角的展开。实际上，可见的存在被视为**界域性存在**（l’être d’horizon），是“一种新的存在类型，是多孔性、蕴含性或普遍性的存在，界域在视线之前自行敞开、被捕捉的同时也将观看者包含在界域之中”[2]。这种存在以及我们被包裹其中的体验就是梅洛 – 庞蒂后期提出的“自恋主义（narcissisme）的第二层但也是更深层的含义”[3]：感性所具有的观看自身的欲望，把作为单独个体的可见的存在包裹缠绕其中，而后者本

1　M. 梅洛 – 庞蒂，《可见的与不可见的》（*Le visible et l’invisible*，1964），第 175 页（中文版第 164 页）。

2　M. 梅洛 – 庞蒂，《可见的与不可见的》（*Le visible et l’invisible*，1964），第 195 页（中文版第 184 页）。

3　M. 梅洛 – 庞蒂，《可见的与不可见的》（*Le visible et l’invisible*，1964），第 183 页（中文版第 172 页）。梅洛 – 庞蒂对此解释道：“不是从外面观看、从他人的视角出发看到我们居住的躯壳，而更多地是被它自己所见，在其中存在，寓居其中。”

身也是观看者。不仅如此，梅洛 - 庞蒂还进一步强调，是“一种可见的与其自身的联系贯穿我的全身，并将我造就为观看者”[1]：这也说明了他如何**从我们对世界的肉身的经验**——即对“可见性”的经验——出发来思考我们的身体性，而不仅仅是从后者出发来思考前者。

鉴于以上各个理由，以及（即将逐步揭晓的）其他原因，这本书主要着眼于梅洛 - 庞蒂对这一关键概念的表述及其双重意义。一方面，用“可见性”来解读“肉身”澄清此前对这一概念的各种误读和错误阐释，另一方面，梅洛 - 庞蒂也得以从中进一步阐发许多创新的本体论概念，而这些概念将有助于我们从哲学角度来思考当今社会的许多重要文化现象。

在当代众多文化现象的新发展当中，我们与图像的全新关系无疑最具代表性。众所周知，当今视觉媒体技术的发展持续创造着全新的视觉呈现方式，不断刷新着我们的视觉体验，令图像在社会生活中上升到前所未有的中心地位，这不仅体现在生活和工作中，在理论界也是毋庸置疑的现实。鉴于此，从 20 世纪 90 年代开始，理论学者提出了“图像学转向”（tournant iconique / iconic or pictorial turn / ikonische Wende）这一重要文化现象，代表了当代思想对图像的全新文化地位的思考和

1 M. 梅洛 - 庞蒂，《可见的与不可见的》（*Le visible et l'invisible*，1964），第 185 页（中文版第 174 页）。

分析。

实际上，图像所经历的地位改变似乎引起了（同时也呼唤着）一种对“柏拉图主义”思想的颠覆[1]——结合尼采哲学与当代艺术的实践——在这个依然被一种**简化**的柏拉图主义思想所统治的时代，真正称得上是与时俱进的思考。

梅洛－庞蒂在他生前最后一部作品，以哲学与绘画为主题的《眼与心》一书中也影射了“柏拉图主义”：

> 图像一词并没有多少可信度，因为人们一直轻率地相信，一幅图画只不过是一次移印（décalque）、一件复制品（copie）、一个处于第二位的东西。[2]

毫无疑问，许多当代思想家都与他抱有同样的态度。然而人们还是普遍认为图像的基本特征就在于“对不在场的当下化”[3]，这将它与我们对死亡（不管是真实或象征性的）的体验直接联系了起来。但是，如果图像并不是“处于第二位的东西”，如果它不是对一个原型

1 引自 G. 德勒兹，《柏拉图与幌相》（Platon et le simulacre，1967），收入《意义的逻辑》（*Logique du sens*），巴黎：Minuit，1969 年，第 292-307 页（中文版邓刚译，见在线跨学科期刊 *Trahir*，2010 年 6 月，http://www.revuetrahir.net/2010-1/trahir-deng-bolatu.pdf）。

2 M. 梅洛－庞蒂，《眼与心》（*L'œil et l'esprit*，1961），巴黎：Gallimard，1993 年，第 23 页（中文版杨大春译，北京：商务印书馆，2007 年，第 40 页）。

3 关于这一问题的讨论，可参见皮埃尔·罗德里戈（P. Rodrigo），《创造意向性：现象学及美学问题》（*L'intentionnalité créatrice: Problèmes de phénoménologie et d'esthétique*），巴黎：Vrin，2009 年，第 153-164 页，引文见第 157 页。

（modèle）的复制，而毋宁说是对其的创造，那它联系的就是对新生而不是对死亡的体验，因此推翻了这一看似“自然而然”的观点背后隐藏的柏拉图主义玄机。

更进一步说，如果图像不是“处于第二位的东西”，那它就不能再被简单地视为**反映他物的形象**（figure de renvoi），这也是本书论述的重点之一，因为这种反映在本质上是不明确的、它的结构也含混交错，尤其当它所指代的对象——那“处于第一位的东西”、那被当下化（présetifier）的不在场之物——被证实无迹可循的时候。

而与这一图像地位理论相对应的就是对观看的新解，梅洛－庞蒂在（与《眼与心》同一时期创作的）《符号》一书的前言中如此定义：

> 看，原则上是比习常所见更多，是进入一个潜在的存在。不可见是可见的凸现和深度，而可见所包含的纯然确定性并不比它更多。[1]

实际上，如果说图像并不是“处于第二位的东西”，那恰恰是因为“看，原则上是比习常**所见更多**”、多于这种不在场的当下化。正如我们将在这本书里不断重申的，梅洛－庞蒂最终将这“所见更多”命名为“超

1 M. 梅洛－庞蒂，《符号》（*Signes*，1960），巴黎：Gallimard，1993 年，第 29 页（中文版姜志辉译，北京：商务印书馆，2005 年，第 24 页）。

视觉”（voyance），指出它“令不在场者面向我们在场”[1]。但值得注意的是：正因为预见力包含的“所见更多”让我们看到作为“可见的凸现和深度”的不可见的，它才“令不在场者面向我们在场”。它不是令不在场者**当下化**，而是**创造**一种特殊的**在场**，一种**此前从未有过的**在场[2]。我认为，应该这样理解梅洛－庞蒂所称的“准在场”（quasi-présence）[3]：不是一种衰弱的在场，而是作为“可见之中蕴含的不可见”[4]、作为一种持续有效的“潜在性”、最终作为“想象物的肉身”（la chaire de l'imaginaire）[5]而存在。但是，这一切之所以成为可能，得益于“所见更多”是一种“依据或借助”所见之物的注视，这一表述同样出自《眼与心》：

> 我并不像人们注视某个事物那样去注视它，我没有把它固定在它所在之处……与其说我看见了它，不如说我依

1　M. 梅洛－庞蒂，《眼与心》，第 41 页（中文版第 54 页）。

2　亨利·马尔迪奈（Henri Maldiney）提出“原真性非对象化存在的在场”（présence originaire et sous un mode d'être inobjective），见 H. 马尔迪奈《揭开欧文·斯特劳斯现象学的美学维度》（Le dévoilement de la dimension esthétique dans la phénoménologie d'Erwin Straus，1966），收入《视线·言语·空间》（*Regard Parole Espace*），洛桑：L'Age d'Homme，1994 年，第 134 页。

3　M. 梅洛－庞蒂，《眼与心》，第 23 页（中文版第 40 页）。

4　M. 梅洛－庞蒂，《法兰西学院课程笔记（1958—1959 及 1960—1961）》（*Notes des cours au Collège de France 1958-1959 et 1960-1961*），C. Lefort 序，S. Ménacé 整理，巴黎：Gallimard，1996 年，第 173 页。

5　M. 梅洛－庞蒂，《法兰西学院课程笔记（1958—1959 及 1960—1961）》（*Notes des cours au Collège de France 1958-1959 et 1960-1961*），C. Lefort 序，S. Ménacé 整理，巴黎：Gallimard，1996 年，第 173 页。

据它或借助它来看。[1]

显然梅洛－庞蒂此处所描述的观看不再遵循自文艺复兴时期开始就在西方文化中处于主导地位的窗口型**再现**（représentatif）模式[2]。我相信，他所设想的应该是一种全新的模式、是对当代影像经验的根本拷问：**屏幕模式**（modèle de l'écran）。窗口模式令我们相信可以将可见物**固定**在它"所在之处"，而显然在屏幕模式下我们"依据或借助"它来看。这就是为什么梅洛－庞蒂一直对电影保持关注，尽管这一点近几年才在学界得到讨论：在本书中，我们将从众多资料论据（包括一些一直被忽略的资料和尚未发表的手稿）中发掘梅洛－庞蒂在这一方面的思考。尽管梅洛－庞蒂在《眼与心》中依然把绘画作为论证关键，但他**试图以此建立一个更为普遍的视觉（vision）概念**：这一观念与当下时代现状十分契合，我们也可以将其推而广之，阐述我们的知觉与想象空间是如何被图像填满，而我们又是如何"依据或借助"图像来看的：

1　M. 梅洛－庞蒂，《眼与心》，第 23 页（中文版第 39-40 页）。相关论述可参见前文 P. 罗德里戈《创造意向性》一书，第 10 页注释 2；另见 J. Garell，《看见此物与凭借而看》（Voir ceci et voir selon），收入 M. Richir 和 E. Tassin 主编，《梅洛－庞蒂：现象学与体验》（*Merleau-Ponty: phénoménologie et éxpériences*），格勒诺布尔：Millon，1992 年，第 79-99 页。

2　参见 G. 波姆（Gottfried Boehm），《图像的回归》（Die Wiederkehr der Bilder），收入 G. Boehm 编《图像是什么？》（*Was ist ein Bild?*），慕尼黑：Fink，1994 年，第 11-38 页。

> 这种红色只有从其自身位置上与周围其他红色联系起来、构成整体结构（constellation）时，或者与其他颜色相关联，盖过对方或被对方掩盖、吸引对方或被对方吸引、排斥对方或被对方排斥时，才真正得成其所是。简言之，这是同时性和连续性的网状结构中的某个结点，是可见性的具体化……。一种特定的红色，也是从想象世界的深处挖掘出来的一块化石般的凝结物。[1]

因此，“所见更多”包含的意义正是是一种“依据或借助”所见之物的注视，而它所借以显露自身的正是一个持续有效的潜在维度——梅洛－庞蒂在后期称之为“神话”维度、带有独特的时－空运行方式和尚未被解密的本体论意涵。总之，他称之为“可见性”的元素也正是在此意义上得到了“肉身”之名：

> 在颜色和所谓的可见者之间，我们重新发现了将两者贴合并置、为其提供支持和供给的组织物，它本身并不是物，而是事物的可能性、潜在性和肉身。[2]

以肉身来定义这种可见性，从而符合了普遍性的视觉概念，它在不同时代都有着不同特征，因此体现了当今时代“人与存在的关系”，它为我们揭示了一种特定

1　M. 梅洛－庞蒂，《可见的与不可见的》，第 174-175 页（中文版第 163-164 页）。
2　M. 梅洛－庞蒂，《可见的与不可见的》，第 175 页（中文版第 164 页）。

视角，不能从孤立的角度对其进行探究、理解和表达：

> 当我们认真对待和追问视觉时，就总是被引向这一怪诞的结论。……我们的思考当然还没有完成。最初的思考只是为了让我们瞥见这一奇异的领域，而正确的发问则是打开通道大门的密钥……[1]

我认为，梅洛–庞蒂指出的“怪诞的结论”也正是上文提到的“图像学转向”试图发掘、理解和尝试着去表达的问题，同时也阻止了我们将其曲解简化为“一种语言的命题逻辑”[2]。这就是为什么“图像学转向”与梅洛–庞蒂后期思想经历了同样的探索过程，得到相似的结论，并在他的探究意图中发现共鸣[3]。此外，只有沿着这一“怪诞结论”的进程继续探索，我们才能像米歇尔（W. J. T. Mitchell）那样，做出“图像**真正**要的是什么？”[4]的发问。实际上，米歇尔正是基于前文提到的“自恋主

1　M. 梅洛–庞蒂，《可见的与不可见的》，第 184-185 页（中文版第 173 页）。

2　G. 波姆，《自我显现：从符号差异性谈起》（Ce qui se montre. De la différence iconique），收入 E. Alloa 主编，《思考图像》（*Penser Image*），第戎：Les Presses du réel，2010 年，第 34 页。作者在文章前几页还提到，“一直以来我们都坚信……图像呈现的内容也同样可以用语言表达出来，图像将始终是没有力量的”，第 30 页。

3　波姆在前文注释中提到的《图像是什么？》一书第 21 页提出了梅洛–庞蒂思想中的“图像学转向”。他还指出，“因此，梅洛–庞蒂必须修正他思想中的现象学基础……才能对眼睛与图像做出更恰当的理解”，第 19 页。

4　W. J. T. 米歇尔，《图像究竟要什么？》（Que veulent réellement les images? 1996），M. Boidy 和 S.Roth 译，收入 E. Alloa 主编，《思考图像》，第 211-247 页。

义的第二层但也是更深层的含义”——可见存在的自恋主义——提出了图像“不只呈现一个平面（surface），还呈现一个与观看者相对的**面向**（face）”[1]。在这里他同样描述了一种视线的“倒错”，一方面显示出我们也是可见的一部分，同时也揭示了可见者与观看者之间的亲缘关系。此外，对**倒错**的思考，只能在相遇的维度中，因为相遇之前双方的角色还没有被分配和确立。在这样一种关系中——正如梅洛－庞蒂对画家的描述——“在他和可见者之间，角色不可避免地相互颠倒”[2]。因此在这样一种关系中——我们似乎也可以如此补充——图像可以从它们自身的欲望中获得生气。这将我们带回了“依据或借助”图像来看这句话，其中包含的本体论意涵现在或许更为明确了。如果说“这个复杂的互逆视觉场域不仅仅是社会现实的一种衍生品，而是其主要构成因素”[3]，那我们更有必要对哲学传统提出疑问，哲学思想一直从区别和对立的角度出发，从未将可逆性纳入视野。

在我看来，这一针对哲学与当代图像地位的根本性

1　W. J. T. 米歇尔，《图像究竟要什么？》（Que veulent réellement les images? 1996），M. Boidy 和 S.Roth 译，收入 E. Alloa 主编，《思考图像》，第 213 页。

2　M. 梅洛－庞蒂，《眼与心》，第 31 页（中文版第 46 页）。关于这一问题，参见 E. 埃斯库巴斯，《艺术作品的问题：梅洛－庞蒂与海德格尔》（La question de l'œuvre d'art：Merleau-Ponty et Heidegger），收入 M. Richir 和 E. Tassin 主编，《梅洛－庞蒂：现象学与体验》，第 123-138 页。

3　W. J. T. 米歇尔，《图像究竟要什么？》（*Que veulent réellement les images?* 1996），参见 E. Alloa 主编，《思考图像》，第 239 页。

疑问可以结合图像学转向问题的主要拥护者之一——乔治·迪迪－于贝尔曼（George Didi-Huberman）对本雅明的光晕（Aura）概念及其主要美学阐释的论述来思考：

> 显然：日常审美情境中缺失的通往光晕的一环，源自一种能够揭示本雅明的“本源”（origine）概念或瓦尔堡的“遗存性”（survivance）概念的时间模式。简言之，一种能够揭示出延存的记忆而不是记录历史事件的时间模式。[1]

尽管尚未充分阐发，梅洛－庞蒂在后期提出了一种**视觉与可见之间互为先导的交错旋进**（précession réciproque de la vision et du visible）观点，我们将在后面的章节对此专门进行讨论。这个看似矛盾的理论对视觉研究得出的“怪诞的结论”采取了认真严肃的态度，在我看来，它是对迪迪－于贝尔曼所提出的时间模式的重要补充。正因如此，它让我们更深入地理解当今图像的**在场**问题；在这一点上我们可以完全赞同梅洛－庞蒂本人在《眼与心》中对绘画的评价——绘

1　G. 迪迪－于贝尔曼，《在时间面前——艺术史与图像的年代误差》（*Devant le temps. Histoire de l'art et anachronisme des images*），巴黎：Minuit，2000 年，第 239 页。

画“打乱了我们原有的所有范畴”[1]，其中也包括哲学的身份。

这就是梅洛－庞蒂提出的挑战，不可不谓卓有远见，在今天，它已成为我们不得不再次提出的问题。

1 “本质与存在、想象与现实、可见与不可见……绘画打乱了我们原有的所有范畴，将那由肉身本质、传神相似和沉默意义构成的梦幻世界铺展在我们面前”（M. 梅洛－庞蒂，《眼与心》，第 35 页，中文版第 49 页）。

第一章　肉身：一段误解的始末

梅洛–庞蒂：自然（La Nature）作为肉身

“肉身”概念在西方思想史上似乎既久已有之，又十分新近。它在20世纪多被用来指代我们的身体与自然之间交流的可能性，通过这一方式令双方都摆脱被笛卡尔主义简化为客观性的命运。更准确地说，“肉身”概念当前主要是命名那被胡塞尔称为Leib、作为知觉和运动的经验统一体[1]的身体与作为“一种神秘的对象、并非客体的对象”的自然之间交流沟通的可能性——梅洛–庞蒂在阐述中重申了胡塞尔式的立场：“自然并非就在我们眼前，它是我们脚下的地面，不是在前方与我们相对，而是在下方支撑着我们。”[2]而在未及完成的《可见的与不可见的》书稿后附的工作笔记中，他也简明地写道：“自然描述为人的另一面（肉身——而不是‘物质’）。”[3]

1　参见E. 胡塞尔，《欧洲科学的危机与超越论的现象学》（*La crise des sciences européennes et la phénoménologie transcendantale*），§28，G. Granel译，巴黎：Gallimard，1976年（中文版王炳文译，北京：商务印书馆，2005年）。

2　M. 梅洛–庞蒂，《自然：法兰西学院课程笔记》（*La Nature. Notes. Cours du Collèges de France*），D. Séglard整理编注，巴黎：Seuil，1995年，第20页。

3　M. 梅洛–庞蒂，《可见的与不可见的》，第328页（中文版第353页）。

众所周知，正是梅洛－庞蒂在20世纪思想史上第一个明确了“肉身”概念的哲学意义，并描绘出这种“在任何哲学中都还尚且没有名称”[1]的存在，因为它既非物质，也非精神，亦非实体[2]，而是**一切存在者所属的共同肌理组织，其中每个身体、每个事物都仅仅作为与其他身体、其他事物的差别而出现**。对他来讲，“肉身”概念最终意味着所有存在者隶属的共同界域。如果这样去理解这个概念，我们会发现它的历史远比基督教对它的阐释要久远得多。实际上，梅洛－庞蒂用前苏格拉底的“元素”[3]概念以及同样来自前苏格拉底哲学的 ὁμοῦ ἦν πάντα（一切都浑然一体）[4]——亚里士多德认为这句话出自阿纳克萨戈拉（Anaxagore），字面意义为“世间万般本为一”——来定义“肉身”。但梅洛－庞蒂并没有将它与“本源”（l'origine）联系起来，而是用它来描述一种“本源性的”（originaire）存在，并特别指出它

1　M. 梅洛－庞蒂，《可见的与不可见的》，第193页（中文版第182页）。

2　M. 梅洛－庞蒂，《可见的与不可见的》，第184页、第191页及第193页（中文版第172页、第182页）。

3　M. 梅洛－庞蒂，《可见的与不可见的》，第184页、第193页（中文版第172-173页、第182页）。

4　M. 梅洛－庞蒂，《可见的与不可见的》，第270页（中文版第274页）。亦见《哲学家与他的影子》（Le philosophe et son ombre，1959），收入《符号》，第226页（中文版第223页）；《法兰西学院课程笔记（1958—1959及1960—1961）》，第85页。

“并不在我们身后”[1]，而是处于永恒的分裂（éclatement）[2]之中。对此，梅洛 – 庞蒂指出，这是一种“始终迫近却从未真正实现的可逆性”[3]，对这样一种可逆性现象的理解呼唤着“感性的本体论地位的重建”[4]，他借鉴了胡塞尔在《观念Ⅱ》§36 中描述的手的被触摸向触摸体验的转化来对其进行解释：它说明了，同时作为感知者和可感者，我们的身体与感性世界**有着肉体上的亲缘联系**（charnellement apparenté），所以必须对感性的本体论地位给予应有的肯定。

胡塞尔，大地（La Terre）与肉身

梅洛 – 庞蒂对重建感性地位的重要性的认识直接

1　M. 梅洛 – 庞蒂，《可见的与不可见的》，第 165 页（中文版第 153 页）。我们可以将这一“本源”（l'origine，*Ursprung*）问题与前文提到的迪迪 – 于贝尔曼关于本雅明的观点联系起来，参见 W. 本雅明，《德国悲剧的起源》（*Origine du drame baroque allemend*，1928），S.Muller 和 A.Hirt 译，巴黎：Flammaarion，1985 年（中文版陈永国译，北京：文化艺术出版社，2001 年）。

2　M. 梅洛 – 庞蒂，《可见的与不可见的》，第 165 页（中文版第 154 页）。这段论述还出现在本书收录的另一则笔记中：“对我来说再没有起源问题，也没有界限问题，或是通向首要原因的一系列事件，而只有存在恒久不断的分裂。”[M. 梅洛 – 庞蒂，《可见的与不可见的》，第 318 页（中文版第 339 页）]

不同于亚里士多德在《物理学》中对世界本源的描述“世间万般本为一”，此处梅洛 – 庞蒂强调的“一切都浑然一体”不是一种稳定的状态，而是处于持续不断的分裂变化中的整体，并非属于过去的一个“本源”（l'origine）、起始点，而是一直持续的动态过程，是不断在自身分裂中生成万物的“本源性的存在”（originaire）。在英文版《可见的与不可见的》（*The Visible and the Invisible*，Alphonso Lingis 译，Evanston，Northwestern University Press，1968 年，第 124 页注释 6）中，译者没有将“originaire”译为“original”而是译为“originating”，正是强调这种现在进行时态，强调其根本性和创发性特征。——译者注

3　M. 梅洛 – 庞蒂，《可见的与不可见的》，第 194 页（中文版第 182 页）。

4　M. 梅洛 – 庞蒂，《符号》，第 210 页（中文版第 207 页）。

得益于胡塞尔1934年写下的一份手稿——1939年，梅洛－庞蒂作为最早到鲁汶进行研究的外国学者之一参阅了胡塞尔档案库。他读到了一份名为《对哥白尼理论的颠覆》（*Umsturz der kopernikanischen Lehre*）的资料，这篇文章1984年由迪迪埃·弗兰克（Didier Franck）译为法文出版，重命名为《作为原初方舟的大地静止不动》（*L'arche-originaire Terre ne se meut pas*）[1]。

1959—1960年，梅洛－庞蒂在对自己后期法兰西学院课程的评论中写道："我们要通过思考重新理解一种存在方式、一种被（哥白尼时代的）人遗忘的存在，那就是'地面'，而首先就是大地"[2]：这种"存在方式"就是梅洛－庞蒂在上文对作为存在地面的"自然"的描述。

得益于这种存在，梅洛－庞蒂强调，我们将会看到：

> 大地的存在与我的身体之间有着亲缘联系，而我不能

1 E. 胡塞尔，《作为原初方舟的大地静止不动》（*L'arche-originaire Terre ne se meut pas*, 1934），D.Franck译，*Philosophie*，n°1，1984年，第5-21页。关于梅洛－庞蒂参阅此资料的叙述，参见H.L.Van Breda，《梅洛－庞蒂与鲁汶胡塞尔档案》（Maurice Merleau-Ponty et les Archives-Husserl à Louvain），*Revue de Métaphysique et de Morale*，n°4，1962年，第419-436页；关于此举对梅洛－庞蒂思想的影响，参见G.D.Neri，《胡塞尔1934年手稿中对大地与天空的论述》（Terra e Cielo in un manoscritto husserliano del 1934），*Aut Aut*，n°245，1991年，第40页。

2 M. 梅洛－庞蒂，《法兰西学院课程笔记（1952—1960）》（*Résumés de cours. Collège de France 1952-1960*），巴黎：Gallimard，1968年，第168-169页。（中文版《在现象学极限处的胡塞尔》，张尧均译，收入高宣扬主编，《法兰西思想评论.第5卷》上海：同济大学出版社，2010年，第247页）。

确定地说大地在动，因为它与我身体的间距始终不变，而这种亲缘联系进一步延伸到他者身上，他们作为“他人的身体”呈现给我；同样延及动物身上，它们被我理解为我的身体性的变异形式；而最终也包括了大地上的物体，是我将它们引入了生命群体中，比如我们会说这块石头“飞了起来”。[1]

在此基础上，梅洛－庞蒂进一步提出感知者和可感者**同时从属于**同一“肉身”，它将我们的身体、他者的身体和世界中的物交织在一起，将我们整个包裹在一个还不存在主客体之分的“原生存在”（être brut）或“原始存在”（être sauvage）的界域之中。在这个界域中，知觉的产生是感觉和被感觉、感知与想象的不加区分、不断交织，也就是说，知觉拥有在统觉中令缺席之物在场的能力，这表现为视觉的无所不在（ubiquité）：

我在圣彼得堡，躺在自己的床上：在巴黎，我睁开双眼看到了阳光。[2]

1　M. 梅洛－庞蒂，《法兰西学院课程笔记（1952—1960）》（*Résumés de cours. Collège de France 1952-1960*），巴黎：Gallimard，1968 年，第 168-169 页（中文版第 248 页）。梅洛－庞蒂所举的石头的例子正是对胡塞尔的引用：“但我可以把石头扔向空中，然后看着它们落在地上，石头也还是那几块石头。可以贴近地面扔，让它们看起来与在地面运动毫无两样，以至于令我们觉得它们在运动。”（E. 胡塞尔，《作为原初方舟的大地静止不动》，第 13 页）

2　R. 德洛奈，引自 M. 梅洛－庞蒂，《眼与心》，第 83-84 页（中文版第 85 页）。

这就是“感性的肉身”，是我们共同的归属，并让我们在其中彼此互为归属，是它令我们得以**交流**和**分享**彼此的体验。正如胡塞尔在《大地》一文中指出的，大地作为我们共同的地面，严格说来，无所谓静止或是运动，它位于两者之下，作为两者同时的可能性，肉身同样地也作为体验交流必需的前提：因此，它隐藏于所有实际的交流和无交流之下。正因如此，“感性的肉身”将扩展为历史的肉身、语言的肉身甚至观念性（l'idéalité）的肉身。实际上，观念性本身也与它的肉身显现不可分离、与唤起观念性的**世界图景的肉身**不可分离，因为它是一种盈溢，它由这些图像构成并超出了图像的整体——就像梅洛-庞蒂在《眼与心》中写到的：**“当我透过水的厚度看游泳池底的瓷砖时，我并不是撇开水和那些倒影看到了它，正是透过水和倒影，正是通过它们，我才看到了它。”**[1] 现象学的蓝图正是以这种方式重新展开，将关注焦点引向**显现**，从而强调**生成**，并最终在保持各自矛盾特征的前提下将它们纳入**存在**之中，胡塞尔在《作为原初方舟的大地静止不动》一书中就成功做到了这一点。

因此，梅洛-庞蒂通过“肉身”概念对我们与世界的关系的思考一直延续着由胡塞尔开创的方向，也就是他所说的胡塞尔思想的“影子”以及它在自身周围投下

1 M. 梅洛-庞蒂，《眼与心》，第 70 页（中文版第 75 页）。

的“未思”（impensé）。同时梅洛－庞蒂特别指出，胡塞尔的理论**仅仅颠倒了**传统形而上学的“之下”和“之上”，并将这种区分溶解、隐藏于体验的分层沉积观念——即真实与体验深度直接成正比——之中。因此他批评胡塞尔是在“分辨、厘清本来混杂在一起的东西”，也就是肉身，他接着指出，“这些循环之间的关系（我的身体—感性）不会引起各个‘层次’或各线性次序之间的关系那样的难题”[1]。我认为，梅洛－庞蒂后期正是为了追随这些循环，才从身体出发思考肉身，同时又从肉身出发思考身体，他把肉身定义为可见性正是对此最佳的证明。

弗兰克、南希、德里达：身体与肉身

20世纪80年代，沿着梅洛－庞蒂开创的思路，迪迪埃·弗兰克在提出将德语“Leib”一词在法语中翻译为“chair”，即肉身。这一译法既继承了胡塞尔现象学

1 在这则笔记中他继续提到，“交织（chiasme）与交错（l'Ineinander）观念，表达的观点恰恰相反，是所有厘清问题的分析令问题变得不可理解……需要创造一种新的可理解性（通过世界和存在的如是存在来进行理解）——‘垂直的’而非水平的”（M. 梅洛－庞蒂，《可见的与不可见的》，第321页，中文版第343页）。

思想[1]，又“将肉身问题与形而上学目的论”[2]联系了起来。

在刚刚提到的第一篇文章中，弗兰克用了“肉身”阐释身体问题，而没有用当时法国现象学界普遍接受的译法“自我身体”（corps propre）。

鉴于这一进展，当我们看到让－吕克·南希在《身体》（*Corpus*）一书中，恰恰引用了梅洛－庞蒂“我们所称的肉身……在所有哲学中都还尚且没有名称”[3]来阐释他的“‘自我身体’哲学”[4]，不能不令人深感意外：因为梅洛－庞蒂这段论述的根本意图就在于指出“‘自我身体’的哲学”的**不足**。不过，南希所做的特殊关联并没有逃过德里达的分析。在献给南希的《触感，让－吕克·南希》中[5]，德里达指出，通过这种联系，南希并不是真的引用梅洛－庞蒂，而是“实际上与其拉开了距

1　见 D. 弗兰克，《肉身与身体：论胡塞尔现象学》（*Chaire et corps, sur la phénoménologie de Husserl*），巴黎：Minuit，1981 年。弗兰克是《作为原初方舟的大地静止不动》一文的法语译者，在译者前言中他提到，“胡塞尔在这篇文章中筹划的——这或许也是这一章节最为重要的意义——是一种超越了所有物理和几何范畴的对空间和肉身的思考”（D.Franck，译者前言，《作为原初方舟的大地静止不动》，第 3 页）。值得一提的是，贝纳德·瓦登菲尔斯（Bernhard Waldenfels）用德语 *Leib* 来翻译梅洛－庞蒂的 chair 概念［B. Waldenfels，《法国现象学》（*Phänomenologie in Frankreich*），法兰克福：Sunrkamp，1983 年，第 200 页］；同一问题参见 G.Boehm，《沉默的逻各斯》（Der stumme Logos），收入 A.Métrqux 和 B.Waldenfels 主编，*Leibhaftige Vernunft, Spuren von Merleau-pontys Denken*，慕尼黑：Wilheim Fink，1986 年，第 289-304 页。

2　这正是迪迪埃·弗兰克所著《海德格尔与空间问题》（*Heidegger et la problème de l'espace*, 巴黎：Minuit，1986 年）一书中最后一章的标题。

3　M. 梅洛－庞蒂，《可见的与不可见的》，第 193 页（中文版第 172 页）。

4　J.-L. 南希，《身体》（*Corpus*），巴黎：Métailié，2000 年，第 66 页。

5　J. 德里达，《触感，让－吕克·南希》（*Le toucher, Jean-Luc Nancy*），巴黎：Galilée，2000 年，第 210 页、第 240 页注释 1。

离"[1]，他随后将南希的这一做法称为对这句引文不动声色的"废除"[2]。

不管怎样，通过南希、德里达以及我们接下来要谈到的米歇尔·亨利的讨论，"肉身"概念重新回到了哲学论辩的中心，超出了此前由梅洛–庞蒂在法国哲学及现象学界发起的讨论。

在本书中，笔者想要就这一论辩提出几方面问题，从而引出并探讨其中蕴含的政治和美学意义。鉴于此，前期的论证是必不可少的，但这并不意味着我们还延续着传统的形而上学思路，认为特定的哲学总是带有相应的政治及美学**诉求**，仿佛前者令后者的出现合法化，而后者是前者的结果。与此相反，本书对这一问题的讨论旨在发掘这一主张的核心以及它代表的哲学本身：这一核心与作为"共同存在（être-en-commun）的实践和体验"[3]的本体论实际上是一体的，这也是促使我们做出探究的直接原因。

正如前一段引文所述，让–吕克·南希在《身体》一书中提出了对"自我身体"的批评，指出它似乎不可

1 J. 德里达，《触感，让–吕克·南希》（*Le toucher, Jean-Luc Nancy*），巴黎：Galilée，2000 年，第 240 页注释 1。

2 J. 德里达，《触感，让–吕克·南希》（*Le toucher, Jean-Luc Nancy*），巴黎：Galilée，2000 年，第 240 页注释 1。

3 R. 埃斯波西托，《让–吕克南希，哲学的政治核心》（Jean-Lun Nancy，il nucleo politico della filosofia），*il manifesto*，2000 年 6 月 1 日，第 12 页。引文出自 2000 年 6 月 9—10 日在那不勒斯 Instituto Suor Orsola Benincasa 举办的"共同的自由"（Libertà in comune）会议引言。

避免地回归为“所有权本身，**身体中**的自主存在（l’Être-à-Soi *en corps*）。但此时”，南希反驳道，“显现出的始终是一个陌生的身体，令人难以忍受的怪物”[1]。此外——迪迪埃·弗兰克在此之前已经提出了同一问题——我们是不是可以将肉身的极限等同于（我的）自我身体的界限？[2] 难道它不应该像（梅洛–庞蒂的引文中[3]）柏格森说的那样，“随着我的知觉的延伸，一直可以到达星星”[4]？

正是在这些疑问的指引下，德里达在《触感，让–吕克·南希》一书中倾向于赞同迪迪埃·弗兰克的观点，“用‘肉身’代替‘自我身体’……尽管，”他补充道，“‘肉身’这一说法不可避免地带有某些隐含意义……例如‘基督的身体’问题的不断介入”[5]。

Leibhaftig（亲身在场）是胡塞尔和海德格尔笔下经常出现的一个词，它表示与所反映事物之间非再现、非替代性的关系。然而德里达拒绝将肉身与任何可能超越“模糊、惯例性的隐喻”[6] 用法的意义联系起来，可梅

---

1 J.-L. 南希，《身体》，第 9 页、第 27 页，以及《闯入者》（*L’intrus*），巴黎：Galilée，2000（中文版本《解构的共通体》，夏可君编校，上海：上海人民出版社，2007 年。其中《身体》，陈永国译，第 358-377 页；《闯入者》，郭建玲译，第 329-341 页）。

2 D. 弗兰克，《肉身与身体：论胡塞尔现象学》（*Chaire et corps, sur la phénoménologie de Husserl*），第 99 页。

3 M. 梅洛–庞蒂，《可见的与不可见的》，第 83 页注释 2（中文版第 75 页）。

4 D. 弗兰克，《肉身与身体：论胡塞尔现象学》，第 100 页。

5 J. 德里达，《触感，让–吕克·南希》，第 262 页。

6 J. 德里达，《触感，让–吕克·南希》，第 264 页。

洛－庞蒂在论述中恰恰清楚指明："当我们说事物是'在其本身中'或'在其肉身中'（leibhaft）被知觉到，这种表达应该从字面意义上来理解，被知觉到的肉身……（反映出）我自己的亲身在场（**肉身化** incarnation），是它的对等物"[1]。

因此，德里达的观点反对"将肉身之名授予在本质上既无身体也与其自身毫无联系和接触的事物、本质，以及体验方式"[2]。换句话说，在他看来，只有自身感触（auto-affection）才是身体性（Leiblichkeit）的证明。对比梅洛－庞蒂对《作为原初方舟的大地静止不动》的评论，我们可以看到一种亲缘联系"从我的身体……延伸至作为'其他身体'出现在我眼前的他人、和作为我的身体的变形的动物"[3]，但这并不会**延伸到**"大地的躯体本身"，例如刚刚我们提到的石头。

亨利，肉身与黏土

德里达这本书的深层意指与米歇尔·亨利几个月后出版的《身体化：一种肉身哲学》（*Incarnation. Une*

1 M. 梅洛－庞蒂，《符号》，第 211 页（中文版第 207 页）。而梅洛－庞蒂昔日的学生瓦登菲尔斯指出，梅洛－庞蒂所提出的"世界的肉身"概念（作为对德语 *Leib der Welt* 的对应）可以看作"对胡塞尔所说的事物在知觉中'骨肉鲜活地在场（*leibhaftigen*）'的极端化表达"。（B. Waldenfels，《法国现象学》，第 200 页）。

2 J. 德里达，《触感，让－吕克·南希》，第 266 页。

3 M. 梅洛－庞蒂，《法兰西学院 1952—1960 年课程概要》，第 169 页（中文版《在现象学极限处的胡塞尔》，第 247 页）。

philosophie de la chair)[1]一书的前提有着众多一致：这就是受基督教影响的“肉身哲学”。

在《引言》的首页，米歇尔·亨利就指出，他的研究不包括“除人以外的其他生物”，并指出“这一方法上的选择……是为了讨论我们已知的东西，而不去讨论我们不知道的内容”[2]。然而，随后的论述明确显示出他认为自身感触正是“肉身”的独有特征：

> 我们刚刚在两具身体之间看到的这一区别——一边是能够自我感知并且同时能够感知周围的我们自己的身体，另一边是世界的无生气的身体，不管是路上的一块石头还是组成石头的微观物理粒子——从此刻起我们将用一个专门术语来称呼它。我们将前者称为**肉身**，而将后者称为**身体**。[3]

这一区分在原本差别并不显著的两者之间建立了对立关系：

> 将肉身定义为身体所不是之物，就避免了两者相互混淆，我们甚至可以更确切地说，肉身是身体严格的对立面。肉身与身体就如同感觉和非感觉一样严格对立——一

1　M. 亨利，《身体化：一种肉身哲学》(*Incarnation. Une philosophie de la chair*)，巴黎：Seuil，2000 年。

2　M. 亨利，《身体化：一种肉身哲学》，第 7 页。

3　M. 亨利，《身体化：一种肉身哲学》，第 8 页。

方拥有对自身的完全感知，另一方则是盲目的、晦暗的、惰性的物质。[1]

亨利认为两个概念之间存在着不可逾越的“鸿沟”[2]［对于前者我们有着“绝对不间断的、尽管是非概念性的（aconceptuel）认识”[3]，而对后者我们则处于“完全的一无所知”[4]之中］，在我看来，做出这一区分是因为他有意在“基督教的道成肉身”[5]观念中引入“对肉身的澄清”[6]。又或者，如同他随后所说，引入《约翰福音》中的意义[7]。对此，亨利解释说，在《耶稣基督的肉身》（*De carne Christi*）一书中，特土良（Tertullien）将基督与人类拥有共同的肉身与《圣经》中（《创世纪》2，7）上帝造人所用的黏土[8]联系起来（通过这种神话叙述展示出我们的肉身、大地的存在和他人的身体之间拥有“亲缘联系”的可能性[9]）。但米歇尔·亨利否定了这一联系，他写道：“在来自大地的黏土之中，有的只是身体，

1 M. 亨利，《身体化：一种肉身哲学》，第 9 页。
2 M. 亨利，《身体化：一种肉身哲学》，第 8 页。
3 M. 亨利，《身体化：一种肉身哲学》，第 9 页。
4 M. 亨利，《身体化：一种肉身哲学》，第 10 页。
5 M. 亨利，《身体化：一种肉身哲学》，第 10 页。
6 M. 亨利，《身体化：一种肉身哲学》，第 9 页。
7 M. 亨利，《身体化：一种肉身哲学》，第 27 页。
8 参见特土良（Tertullien），《耶稣基督的肉身》（*De carne Christi*），Ⅸ，2。
9 “什么是肉身，如果它不是变了模样的、塑成人形的泥土的话？”（Quid caro quam terra conuersa in figuras suas?）特土良，《耶稣基督的肉身》（*De carne Christi*），Ⅸ，2。

而没有肉身”[1]，并转而根据《约翰福音·序言》中第14节的诗句“而道成了肉身（καὶ ὁ λόγος σὰρξ ἐγένετο）”提出了另一种联系。在米歇尔·亨利看来，不是黏土，而是道（Verbe，也称逻各斯、圣言）构成了基督与人类的共同要素，因此，肉身与“物质自然的惰性的身体”[2]以及“人类之外的其他生物”是没有可比性的。

着眼于对迄今看到的几种不同观点的比较并澄清其各自蕴含，由米歇尔·亨利提出的肉身与道的联系有着特殊的意义：由道而来的肉身既不可分也不可割，只有“无法靠翻掘地面得到的生活体验的感受”[3]浮凸其上。因此，这样的肉身“始终是某人的肉身，例如我的肉身，从而始终与一个‘自我’不可分割”[4]。因此，如果说《约翰福音·序言》将“道”描述为“生命之道”，在亨利看来，它却不等同于“现代思想中无人称、无视觉的普遍生命概念——例如叔本华的生存意志或弗洛伊德的本能冲动等”[5]。这就是为什么他认为的现象学应该颠覆“希腊”思想模式中假定的、与《约翰福音》南辕北辙的前提，并形成一种“世界现象学或存在（l’Être）现象学”。它将转化成一种绝对生命的启示的科学，而

1 M. 亨利，《身体化：一种肉身哲学》，第27页。
2 M. 亨利，《身体化：一种肉身哲学》，第10页。
3 M. 亨利，《身体化：一种肉身哲学》，第27页。
4 M. 亨利，《身体化：一种肉身哲学》，第27页。
5 M. 亨利，《身体化：一种肉身哲学》，第30页。

肉身和道是其不同表现方式[1]。这就是米歇尔·亨利思考的方向。

南希，肉身与石头

与梅洛－庞蒂在《作为原初方舟的大地静止不动》一文的评论中提出的观点截然不同，德里达和亨利都不同意石头“飞了起来”。为了更好地解释几位哲学家的观点，我们有必要参考南希在《身体》一书中对海德格尔的评论。海氏曾做出著名的论断——“石头没有世界”[2]，因为它对大地的“触及”与蜥蜴对石头的触碰完全不同，更无法与我们把手放在别人头上的抚触相提并论[3]。南希指出，“海德格尔的‘石头’还仅仅是抽象的”[4]，因为实际上通过与地面的相触，它“产生了位移，也就是说，位置—错位，并不存在一方对另一方的占有。其中没有‘主体’和‘客体’，而只有‘地点’和‘位置’，间隔：可能的世界，一个已然存在的世界”[5]。这一分析

1 M. 亨利，《身体化：一种肉身哲学》，第 30-31 页。

2 M. 海德格尔，《形而上学的基本概念：世界—有限性—孤独》(*Les concepts fondamentaux de la métaphisique. Monde-finitude-solitude*)，1983 年，D.Panis 译，巴黎：Gallimard，1992 年，§290，第 293 页。

3 亨利从自己的角度强调了海德格尔的类比论断：“海德格尔深刻地指出，靠墙放置的桌子并没有‘触及’墙面。而我们的身体的特性刚好与之相反，它能感知到所有靠近自己的东西。”(M. 亨利，《身体化：一种肉身哲学》，第 8 页)

4 J.-L. 南希，《世界的意义》(*Le sens du monde*)，巴黎：Galilée，1993 年，第 102 页。

5 J.-L. 南希，《世界的意义》(*Le sens du monde*)，巴黎：Galilée，1993 年，第 102 页。

似乎对我们的身体亲缘联系的极限问题（也就是上文提出的体验之间的交流成为可能的前提）做出了解答，南希随后进一步解释道：

> 我是否正在试图指出石头也能达成某种“理解”？这里我并不是在宣扬万物有灵论或者说泛灵论，并不是赋予石头一个内在，而是说，它所具有的不可穿透的硬度（它本身便是不可穿透的）的密实度只能被定义（définit）为间隔（它恰恰这样定义 / 限定 dé-finit 了自身界限），区分出它此时此地的存在……。所以，这并不是万物有灵论，而恰恰相反。我们需要思考的是一种“自然的……量子哲学”。……Corpus：所有的身体，各自在对方之外，构成了意义的无机的身体。[1]

梅洛 – 庞蒂似乎也正是从这种类比的角度展开论述，在他看来，手与手的相触以及我的手与物的相触似乎依照一种“始终迫近却从未实现的”可逆性原则互相联结，从而凸显出间隔（écart）的区分能力（以及相应的赋予意义的能力）。在这里我想顺便指出，梅洛 – 庞

1 J.-L. 南希，《世界的意义》（*Le sens du monde*），巴黎：Galilée，1993 年，第 103 页。此处引述的南希的论断出自《身体》一书，尤其见《无头无尾》（Aphalle et acéphale）一段，第 14-18 页，文中南希否认身体带有方向性（这反过来否认了器官的有机性），并且称，“最终，它们（复数形式的身体）也正是——头和尾：它们自身也决定了意义的位置、有机体的形成、构成物质的元素。身体是敞开的处所，它隔开距离，令头和尾各得其所：赋予它们足够的空间来成为事件”（第 18 页）。

蒂对“量子力学的哲学意义”[1] 的思考正是要求科学返回作为其根源的身体。

看来梅洛-庞蒂与南希的思考方向是一致的，都承认石头也属于我们所属的同一个世界[2]。而德里达，出于我们前面所分析的原因，反对“肉身的‘世界化（mondialisation）’”[3] 观点，并且对梅洛-庞蒂后期思想提出明确批评。他的反对意见也促使我们重新思考现象学逐步将显现重新置于存在之中的意图是否可能实现，同时又不受（德里达所批评的）其他暗含的本体论误区的影响。

梅洛–庞蒂，弗洛伊德主义与肉身

作为例子，我们有必要追问梅洛-庞蒂后期哲学中提出的“本体论”意义上的心理分析究竟为何物：在他看来，它将使心理分析最终摆脱唯科学主义因果论的影响（梅洛-庞蒂曾多次指出弗洛伊德的论述中存在这一问题），并走出此前的“人类学”定位造成的局限性[4]，

---

1 M. 梅洛-庞蒂，《自然》，第 132 页。

2 对此南希的解释是石头“通过一种至少是作为非现实性（aréalité）的模式在世界中存在：场的延伸，间隙，距离，‘原子’的结构”（J.-L. 南希，《世界的意义》，第 103 页）。

3 J. 德里达，《触感，让-吕克·南希》，第 266 页。

4 “一种肉身哲学是必要条件，没有它，精神分析将始终停留在人类学领域”（M. 梅洛-庞蒂《可见的与不可见的》，第 321 页，中文版第 342 页）。

同时也摆脱**层理性**（stratification）[1]观点，梅洛－庞蒂已经就这一点对胡塞尔提出了批评。“不是做一种存在主义精神分析，而是做一种本体论的精神分析”[2]的要求在一则《可见的与不可见的》工作笔记中明确出现，这则笔记的题目也十分醒目地将“身体与肉身”这一对概念与“情欲”联系在一起，从而引出一种“弗洛伊德主义哲学”[3]。

这则笔记的开头，梅洛－庞蒂再次提出了对弗洛伊德在“艺术家儿童时期的经历与他的生活历程之间的联系，作品作为对刺激的反应”[4]中表达的因果论观点的批评。梅洛－庞蒂对此评述如下：

1　“由心理学（心理—逻各斯 psycho-logie）诸概念……所组成的整体结构将突然变得清晰起来，当我们将这些概念思考为对附着在存在之上的这个唯一且厚重的整体的区分，这一整体即肉身……因为并不存在等级化，也不存在次序、分层或层次（这些概念总是以个体—本质的分离为基础），只有事实整体的维度性（dimensionnalité）以及整体维度的事实性（facticité）”（M. 梅洛－庞蒂，《可见的与不可见的》，第 324 页，中文版第 346 页）。

2　M. 梅洛－庞蒂，《可见的与不可见的》，第 323 页（中文版第 346 页）。

3　这则 1960 年 12 月的笔记题为《身体与肉身—情欲—弗洛伊德主义哲学》，M. 梅洛－庞蒂，《可见的与不可见的》，第 323-324 页，中文版第 346 页。对于一种本体论精神分析的提倡，除了这则笔记，我们还可以参考梅洛－庞蒂为安杰罗·赫斯纳德（A. Hesnard），《弗洛伊德的作品及其对现代社会的重要性》（*L'œuvre de Freud et son importance pour le monde moderne*）一书写的《序言》，后收入 M. 梅洛－庞蒂，《文集 II》*Parcours II*，1951—1961），拉格拉斯：Verdier，2000 年，第 276-284 页。而对于这一问题，本书作者在《普鲁斯特与感性理念》（*Proust et les idées sensibles*）一书第四章中也有更为详细的论述（巴黎：Vrin，2008 年，第 115-135 页）。

4　S. 弗洛伊德，《心理分析的意义》（*L'intérêt de la psychanalyse*，1913），P.-L. Assoun 译，“人文学科经典读本系列”，巴黎：CEPL 出版社，1980 年，第 91 页。

弗洛伊德主义的肤浅阐释：他是雕塑家，他是肛门型人格，因为粪便就已经是黏土塑造成型，等等。但粪便并不是原因：如果它是，那么所有人都是雕塑家了。粪便并不能塑造一种人格（厌恶 Abscheu），只有当主体在对它的体验中寻找到一种存在的维度。[1]

关于最后一句表达——梅洛－庞蒂后期哲学的典型语气——有必要指出，“维度”概念应该被理解为一种**元素**——这不但体现了前面提到的前苏格拉底传统，也包括巴什拉的影响，梅洛－庞蒂在上文论述中指明了这一点[2]：这一元素是对“主体”[3]与存在关系持续不断的界定，在两者关系的发展过程中不断获得新的意义。

让我们回过头来看上面引用的这段笔记，梅洛－庞蒂接下来写道：“换句话说，肛门型性格不能**解释**任何东西，因为要成为这样的存在，就必须具有本体论的能力（能够将个体存在作为大写的存在整体的代表）。”[4] 梅洛－庞蒂所说的“本体论能力”因此在于将某一个存在者（在随后的一篇工作笔记里他举了“海”作为例子）“作为‘元素’，而不是作为单独个体”[5]，“向存在的开

1　M. 梅洛－庞蒂，《可见的与不可见的》，第 323 页（中文版第 346 页）。
2　M. 梅洛－庞蒂，《可见的与不可见的》，第 320 页（中文版第 341 页）。
3　尽管在这则工作笔记中明确使用了“主体”一词，梅洛－庞蒂的肉身本体论恰恰是对这一概念的传统意义提出了疑问。
4　M. 梅洛－庞蒂，《可见的与不可见的》，第 323 页（中文版第 346 页）。
5　M. 梅洛－庞蒂，《可见的与不可见的》，第 327 页（中文版第 351 页）。

启”[1]通过它显现出来。

不过，如果像德里达那样，认为我们只与那些有自身感触能力的身体有着亲缘联系，显然就否定了这种本体论能力。然而情欲——这篇工作笔记的标题中指出——却完全可以投注于物（恋物现象就是最好的例子）以及“理想事物”（德里达认为它们不具有稳定的肉身，因此与物一样被否定）之上，而在弗洛伊德看来，对“理想事物”的设定与恋物现象极为相似：

> 同样地，我们也可以理解那些被人类所偏爱之物、理想化的存在，与那些他们最为厌恶的事物源自同样的知觉和生存体验，并且它们原本只是通过极为微小的差别来相互区分。正如我们在恋物现象的产生中看到的那样，甚至有可能原初冲动的代表物被分解为两部分，其中一部分被压抑，而剩下的那部分，却恰恰凭借着这一内在联系而被理想化。[2]

肉身，石头与政治

但是，承认物与我们的身体有着天然联系是不是意味着取消（或者至少是有将其取消的危险）它们作为躯体（Körper）的存在？我们或许可以再次从《作为原初

1 M. 梅洛－庞蒂，《可见的与不可见的》，第 323 页（中文版第 346 页）。

2 S. 弗洛伊德，《压抑》（*Le refoulement,* 1915），J. Altounian，A. Bourguignon，P. Cotet 及 A. Rauzy 译，《弗洛伊德全集 · 第 13 卷》（*Œuvre complètes*，vol. XIII，1914-1915），第 193 页（中文版《弗洛伊德文集》第 3 卷，第 707 页）。

方舟的大地静止不动》一文中找到对这个问题的解答，胡塞尔在这篇文章中考察了这样一种假设：

> 我与我们（能够）飞行，并且（将有）两个大地作为身体—地面，而且我们总是可以从其中一个飞跃到另外一个。从而其中一个对于另外一个来说，将成为身体，而另一个则成为地面。但两个大地意味着什么呢？同一个大地的两部分，有着相同的人性（humanité）。这两部分将会汇**集于同一地面，彼此作为对方的身体。**[1]

因此，将身体包含在肉身界域中，并不会消除其躯体性（*Körperlichkeit*），而是开创了在作为身体和作为肉身的存在之间"始终迫近却从未真正实现"的可逆性。

而当我们更为仔细地审视这一观点，就会发现，这一问题涉及的理论核心也正是通常人们对后期梅洛－庞蒂哲学提出最多的批评，萨特曾指出：

> 梅洛－庞蒂习惯性地在每一个"不"之上究根问底，直到看着它转变为"是"，而每一个"是"也将如此转化为"不"。最近这几年，他对这种传环游戏如此驾轻就熟，可以说真正把它当作一种方法。[2]

---

1 E. 胡塞尔，《作为原初方舟的大地静止不动》，第 14 页。

2 J.-P. 萨特，《纪念梅洛－庞蒂》（Merleau-Ponty vivant，1961），*Situations Philosophiques*，巴黎：Tel-Gallimard，1990 年，第 202 页。

此后，让－弗朗索瓦·利奥塔（Jean-François Lyotard）从他的角度阐释了这种疑惑，在他看来，梅洛－庞蒂倾向于为追求“和谐”（consonances）而刻意忽略“不和谐”（dissonances）[1]。这些评价的政治性意涵非常明显。萨特本人说：“在他（梅洛－庞蒂）那里，那些相互矛盾的真理从来不会彼此争斗，没有阻断运动的风险，也不会引起分裂。此外，他们严格说来是不是彼此对立的呢？”[2] 也就是说，梅洛－庞蒂后期思想刻意模糊对立矛盾，以至于令对立成为不可思的，从而最终得出令人快慰的结论。

与此相反，不能为追求“和谐”而忽视“不和谐”的明确政治诉求，在南希为反思自己做心脏移植手术的经历而写的书中占据了重要地位。在阐述自己写这本书的最初意图时，他说，

> 杂志社向我约一篇稿子，主题为“陌生人的到来”（la venue de l'étranger）。当时我对此毫无头绪。我的想法只有一个：**强调陌生人的异己性（étrangeté）（而不是以一种近缘性、博爱原则等将其全盘接受）**。[3]

1 J.-F. 利奥塔，《冲动的呈现机制》（*Des Dispositifs Pulsionnels*），《10/18》，巴黎：Union Générale d'Édition，1973 年，第 283 页。

2 J.-P. 萨特，《纪念梅洛－庞蒂》，第 202-203 页。

3 J.-L. 南希，《意义的切断：让－吕克·南希访谈》（*Il taglio nel senso – Intervista a Jean-Luc Nancy*），V.Piazza 编辑，《闯入者》（L'intruso），V.Piazza 译，那不勒斯：Cronopio，2000 年，第 41 页。

有鉴于上文的一系列讨论，令人感到别有深意的是，在这样一种理念指导下，南希书中最终的结论却是："闯入者其实就是我自身和人类自身。它并非另外之物，而是从未停止变化的自身，自身在变得更为深刻的同时也逐渐消竭，逐步坦露的同时也更加壁垒森严，闯入世界，也是闯入自己本身。"[1]

文章立意与结论之间是如何联系起来的？在文章近乎中间的位置，南希谈到了自己患心脏病的经历，而他的体验为我们呈现了内部与外部之间——也包括内在与闯入者之间——的关系是怎样形成的，借助梅洛－庞蒂的术语，我们可以称之为交织的（chiasmatique）关系："我的心脏对我来说成了异物，而称其为异物恰恰是因为它在我的身体内部。**外部闯入者的来临总是首先作为异己性在内部出现**。"[2]

正是得益于这种交织，南希的文章原本意在强调闯入者毫无余地的入侵，最终却出乎意料地指出这一闯入者**其实一直已经在内部**，因为"它就是我本身"。

我们是不是可以把这看作令人安慰的结论呢？并非如此，因为尽管闯入者与我有着相同的肉身，是我的兄弟手足，但我的兄弟也可能是该隐。**实际上，我也可能是该隐**。作为**所有**这些可能的存在条件，作为"一种始

1 J.-L. 南希，《闯入者》，第 45 页。

2 J.-L. 南希，《闯入者》，第 17 页。

终迫近却从未真正实现的可逆性”的条件，肉身为所有可能的伦理学和政治学奠定了基础。这意味着它不限于**一种**伦理学或**一种**政治学，同时也不能被视为“前伦理学”或“前政治学”维度，而是构成了我们“共同存在”的界域[1]。

对这些概念的转化可能消解躯体和身体的区别，这些结论不仅表明石头处于肉身的界域之内，也提醒我们需多加注意，在肉身界域之内我们可能遭遇到石头。强调在肉身与石头、外来的与熟常的、亲友与闯入者之间的绝对区分，就等于是说那个杀死了自己全家人的女孩并不属于这个家庭，这才是不折不扣的慰藉手段。实际上，真正的慰藉是设想无差异的可逆性，可以在相互联系的各元素之间形成和谐的合并—交融（con-fusion），同样地，将差异思考为一种断裂也是一种慰藉手段，它不是将各元素之间的不同—差异开放地**联合**（conjoint）一体，而是设定彼此间的绝对区分，让它们因此而互相**挤压**（extrusion）。最后这种倾向的核心原则就是强调人的肉身的不容忽视的特殊性，从基督教义出发理解肉

1 关于梅洛 – 庞蒂哲学在伦理学和政治学方面的观点，参见 D.H.Davis 编，《梅洛 – 庞蒂晚期著作及其实践倾向：责任的分化》（*Merleau-Ponty's Later Works and Their Practical Implications. The Dehiscence of Resposibility*），纽约 – 安默斯特：Humanity Books，2001 年；以及 R.Bonan，《共同的维度》（*La dimension commune*），第一卷：《梅洛 – 庞蒂哲学中的交互主体性问题》（Le problème de l'intersubjectivité dans la philosophie de Merleau-Ponty），第二卷：《交互主体性的建立作为普遍的诗学》（L'institution intersubjective comme poétique générale），巴黎：L'Harmattan，2001 年。

身，将有可能再次向人们兜售西方文化的一种历史传统，也就是主体化与征服手段的现代形式。

世界化，“视觉领域”以及肉身的语义

在这一思考方向上，罗伯托·埃斯波希托（Roberto Esposito）提出了富于洞见的观点，他创造性地结合了南希与梅洛 – 庞蒂的观点[1]，并指出：“哲学研究的不是别的，只是关系，在关系之中研究，并且以关系为目的。**它是世界的肉身的共鸣点**。”[2]他的观点显然与德里达相反，与他对“肉身的世界化”的否定相对立。

然而，埃斯波希托的表述不只是对梅洛 – 庞蒂思想的重提，因为“世界化”一词在法语中也用来描述目前在经济和文化领域发生的“全球化”（globalisation）进程。

那么，对肉身的思考与这一进程有着怎样的联系，又将会产生怎样的共鸣？其中之一就是将肉身概念理解为**差异性组织**，这促使梅洛 – 庞蒂在《可见的与不可见的》书中一则题为《交织 – 可逆性》的笔记中自问道：“我的思考对同一和他异问题有什么贡献？于此：相同是另一个的另一个，而同一性是差异的差异。”[3]例如，这意

1 根据德里达对这两位哲学家的“共识”的论述，参见《触感，让 – 吕克·南希》，第 247 页。

2 R. 埃斯波希托，《让 – 吕克·南希，哲学的政治核心》。

3 M. 梅洛 – 庞蒂，《可见的与不可见的》，第 318 页（中文版第 338 页）。

味着只有与另一个法国人相比时，我才清楚地意识到自己**意大利人**的身份，而跟一个美国人在一起时，我自认为是**欧洲人**，我对自己的身份认同旋即与法国人归为一类，他与我有了更多的相似性而非差异性。然而，这种现象并不是以柏林墙的倒塌以及电子商务时代到来为标志的全球化进程的特有现象：30 年前，在意大利，一个来自南部、生活在北方的小伙子只有听到周围人对自己父亲的同乡评头论足，才会清楚地意识到自己南方人的身份，而他也只有在回到南部老家的时候，才会强烈地感到自己是个北方人。

这些例子向我们证明，从这样一种肉身概念出发，身份的认同从来都不是固定不变的，而是每次根据**相遇中**与他者的差异对自身重新做出定义。因此身份同一性是一个虚拟的中心，在变化运动中逐渐明确、不断自我更新、着眼于与他者的差别来对每个个体进行区分。因此，**当今全球化进程**所带来的令人眩目的急速转变[1]向我们证明的也不过是肉身在构成上本就是“世界化的”。

罗伯托·埃斯波希托在与让 – 吕克·南希所做的

1 关于“全球化”概念的多种定义，参见雅克·勒戈夫（Jacques Le Goff）2001 年 11 月 13—14 日在世界文化论坛（Forum de l’Académie universelle des cultures）上的发言，发表于《世界报》，“对全球化出现之前的社会形式的研究，对于我们理解当今现实状况、采取适当的应对立场是十分必要的”［J. 勒戈夫，《全球化带来的安乐与忧患》（Heurs et malheurs des mondialisations）］，《世界报》，2001 年 11 月 16 日，第 1 页、第 7 页。

《关于哲学的未来的对话》[1] 访谈中重新提出了这一观点。尽管在上文中我们看到南希对“自我身体”概念的批判，在这次访谈中，他还是表示自己更倾向于身体哲学而非肉身哲学，因为后者“是一个有厚度的词，而身体一词则相对轻盈”[2]。埃斯波希托对此做出了精彩的回应，至少他的主要论点对我们的讨论很有启发：

> 相反地，在我看来，蚀变和感染的原则已经要求将“肉身”理解为身体的开放、身体不再为专有物、成为“共同”存在。……肉身向外部开放，恰如身体对内部的回归：它是边缘和转折点，从这里开始身体不再只是身体，也是它的反面和被打破的背景，就像梅洛–庞蒂所说的那样。……我相信未来哲学的首要任务就是用“世界”“肉身”“共同体”（communauté）等词汇代替原有的“大地”“身体”“免疫”（immunité）。[3]

而皮耶特罗·蒙达尼（Pietro Montani）则将这种观点——这种“肉身”的意义——创新地引入美学领域，

1 R. 埃斯波希托，J.-L. 南希，《关于哲学的未来的对话》（Dialogo sulla filosofia a venire），见 J.-L. 南希，《独一复多的存在》（*Être singulier pluriel*，巴黎：Galilée，1996 年）一书意大利文版前言，D.Tarizzo 译，《独一复多的存在》（*Essere singolare plurale*），都灵：Einaudi，2001 年，第Ⅶ -XXIX 页。

2 J.-L. 南希，《独一复多的存在》，第 XXⅧ页。

3 J.-L. 南希，《独一复多的存在》，第 XXⅥ -XXⅦ页。

并指出这一观点“为图像研究领域带来了重大影响”[1]，而这显然也与图像领域的技术发展不无联系。

鉴于此，梅洛－庞蒂的肉身概念还引发了《拟像美学》（*Esthétique du virtuel*）一书的诞生，因为它的研究对象是身体的图像，以及我们的身体——在无机的假肢参与下变得更为沉重或轻盈的身体——与这些图像之间的互动[2]。实际上，这本书的作者罗贝尔托·迪奥达托（Roberto Diodato）解释道，在他看来，“世界的肉身”概念“是对视觉领域的极佳描述”[3]，因为“这种虚拟领域由不同关系模态组成，本身就是一种关联结构或者是作为可逆性的身体的关联网络”[4]。

不管是针对数字技术革命还是全球化进程，梅洛－庞蒂的肉身概念作为一种以差异为基础的关系组织，能够帮助我们更好地思考和命名这些变化。同时它也能令我们不再以分裂的视角看待美学和政治的关系。

1　P. 蒙达尼，《生态美学：全球化时代的共识、技术与艺术》（*Bioestetica. Senso comune, tecnica e arte nell'età della globalizzazione*），罗马：Carocci，2007 年，第 15 页。

2　R. 迪奥达托，《拟像美学》（*Esthetique du virtuel*），H.Goussebayle 译，巴黎：Vrin，2011 年，第 8 页。

3　R. 迪奥达托，《拟像美学》，第 103 页。

4　R. 迪奥达托，《拟像美学》，第 103 页。

第二章　需要很长的时间才能成为野蛮：梅洛－庞蒂看高更/高更看梅洛－庞蒂

怎样的肉身？德里达对梅洛–庞蒂的反对

在未完成的《世界的散文》[1]一书最后一章开头，莫里斯·梅洛－庞蒂提醒我们，“我们的时代推崇一切闪烁回避和间接暗讽的表达形式，特别是绘画表达，尤以‘原始’艺术（l'art des ‘primitifs’）、儿童画和疯人画……为代表，但……求助于原生表达与博物馆艺术并不对立”[2]。

就在这一章突然中止之前，梅洛－庞蒂再次提出对绘画表达的讨论，写道：“现代绘画中的对象‘是血淋

1　M. 梅洛－庞蒂，《世界的散文》（*La prose du monde*），C. 勒福编纂出版，巴黎：Tel-Gallimard，1992 年（中文版杨大春译，北京：商务印书馆，2005 年）。克劳德·勒福在本书的前言中提供了众多关于写作缘由的珍贵信息，并勾勒出梅洛－庞蒂思想发展过程中一个具有特殊意义的重要阶段。关于《世界的散文》这本书的写作时间，勒福倾向于认为这些重新发现的手稿——这本书的第一部分——根据他此前写的项目申请书来判断，应该写作于同一年，即 1951 年，而他在 1952 年初做出了暂停写作的决定。还应注意的是，在 1950—1951 年，梅洛－庞蒂决定根据此前的写作计划，缩减《世界的散文》的写作主题——勒福指出——为了将其归入《真理的起源》计划之内，他意图通过这本书来揭示自己的表达理论所包含的本体论意义。对这项研究工作涉及的众多主题的思考引发了随后《可见的与不可见的》一书的写作（手稿未完成）。而关于梅洛－庞蒂在同一时期的思想发展，参见本书第 87 页注释 2。

2　M. 梅洛－庞蒂，《世界的散文》，第 204 页（中文版第 166 页）。

淋的'，它们将自己的本质在我们眼前摊开，直接质问着我们的目光，考验着我们通过整个身体与世界缔结的共存公约。"[1]

从这一观点可以看出，梅洛－庞蒂在《可见的与不可见的》一书中对保罗·克利的分析正试图描述现代绘画的一种整体特征，他将其表述为："画中没有可识别之物，没有事物的**皮肤**（la peau des choses），但却呈现出它们的**肉身**。"[2]

简言之，在梅洛－庞蒂看来，现代绘画的本质特征在于肉身的**绽露**：不仅在于前文所述的事物的肉身［"事物"（chose）而不是"物体、对象"（objet），因为objet 的词源构成意味着**处于我们的完全对立面**）]，也包括作为所有生命体**寓居世界之中**的方式的肉身。

此外，雅克·德里达在《触感，让－吕克·南希》一书中批评梅洛－庞蒂在很多方面都没有忠实于胡塞尔[3]。首先，他认为后者将无法赞同梅洛－庞蒂提出的"世界的肉身"[4]概念；其次，他指出"梅洛－庞蒂用**肉身**来翻译**身体**概念"的做法是非常危险的[5]，因为在他看

1 M. 梅洛－庞蒂，《世界的散文》，第 211 页。

2 M. 梅洛－庞蒂，《可见的与不可见的》，第 272 页（中文版第 276 页）。梅洛－庞蒂在《法兰西学院课程笔记（1958—1959 及 1960—1961）》第 56 页提到保罗·克利的画作时，也使用了"事物的皮肤"这一表达。我们会在本书第三章对之进行具体分析。

3 参见 J. 德里达，《触感，让－吕克·南希》，第 224 页。

4 参见 J. 德里达，《触感，让－吕克·南希》，第 214 页。

5 参见 J. 德里达，《触感，让－吕克·南希》，第 262 页。

来，这样的翻译“带有无法抹去的隐含意义”：

> 令“基督身体”的问题不断介入。诚然，仅就词义本身来看，“肉身”并非来自基督教传统；硬要坚持这样说无疑显得荒谬和轻率。但若是忽略了基督教思想对这个词的打磨影响，则不免同样轻率，即使这个词的使用者与基督教毫无关联，他们在言论中提及的肉身也丝毫不带有基督教意味。

针对这一讨论，我们将以保罗·高更的艺术创作为例展开论述，理解其特定的哲学诉求。

野蛮存在

前面已经提到，梅洛－庞蒂认为**原始艺术**（l’art des “primitifs”）是现代绘画所特有的表达形式之一，我们也知道，在这一领域，高更被视为“现代原始艺术的**原初**、首创者”[1]。显然，梅洛－庞蒂从未将高更的艺术创作纳入他的哲学思考。然而他们对“野蛮存在”（l’être sauvage）的共同关注——作为“建立全新的文

1　K. 瓦内多，《高更》，刊于 W.Rubin 主编，《20 世纪艺术中的原始主义：部落与现代之间的灵契》（*Primitivism in 20th Century Art: Affinity of the Tribal and the Modern*），纽约：现代艺术美术馆，1984 年，卷 I，第 179 页。

化”[1]，首先是西方文化的现实要求——似乎令二人心灵相通。

因此，我试图用梅洛－庞蒂阐发的“肉身”和“野蛮存在”概念来分析高更在波利尼西亚群岛创作的画作和绘画诗学。希望借此一方面检验这些理论概念能否帮助我们更好地理解高更绘画创作的意义，另一方面，从理论与绘画作品的对照中评估这些概念本身的有效范围，尤其是针对上文提到的德里达的批评观点。

梅洛－庞蒂认为本源处于持续不断的分裂之中。因此他说，“这不是要重新成为野蛮”[2]，也就是说，不能把它理解成一种后退、回到我们的体验中原本就有的、在所有文化产生之前的、未经污染的层面，否则就会错误地寄希望于后天地以模仿的方式再次呈现这一层面。

在一则《可见的与不可见的》笔记中，梅洛－庞蒂将野蛮存在与“感知世界”等同起来[3]，他描述了后者与

1　M. 梅洛－庞蒂，《符号》，第 228 页（中文版第 225 页）。梅洛－庞蒂特别指出，他在自己所致力的现象学研究和现代绘画的发展中看到了众多一致性。“不管愿不愿意，尽管与他的计划背道而驰，秉持着必要的胆识，胡塞尔唤醒了一个野蛮的世界和一个野蛮的精神。事物就在那里，不再像文艺复兴透视法中那样，仅仅遵循着外观的投射和景观全局的要求，而是与之相反地，就矗立在那里、坚定不移，用分明的棱角硌磨着我们的视线，每一个体都展示着与他人格格不入的绝对存在，但这一绝对存在又根据一种整体构形（configuration）的意义为它们所共有，我们仅从‘理论意义’出发完全不得见其端倪。”我们将在第三章对此进行分析。

2　M. 梅洛－庞蒂，《法兰西学院课程笔记（1958—1959 及 1960—1961）》，第 155 页。

3　“原生存在（brut）或野蛮存在（= 感知世界）”（M. 梅洛－庞蒂，《可见的与不可见的》，第 223 页；中文版第 210 页）。

绘画之间的关系：

> 我在谈及绘画时谈到的“萎靡不振”的感知世界——为绘画变革提供了不断的源泉——本身不包含任何表达方式，却召唤并要求着所有表达的产生，并在每一个画家身上都不断激发着全新的表达，这个感知世界……超出了所有的绘画、所有的言语、所有的“态度”……并似乎包含了所有无法言说之物，**同时又激励着我们去将它创作出来。**[1]

同样地，高更力图在画中呈现的**原始**，似乎首先含有对自然的非模仿，即创造性原则，从而能触及那“无限的神秘”“想象性的力量”，以及它丰盈不竭、变化万千的“产物”——高更本人在1889年谈及雷东（Redon，法国象征主义画家）时如此写道[2]；而十年后，他再次强调，在这震颤中，要抓住“自然中最为普遍的、因此也是最为模糊含混的东西：它的内部力量”[3]。这一观点在他的《野蛮人手记》中反复出现，他拒绝

1 M. 梅洛－庞蒂，《可见的与不可见的》，第223-224页（中文版第210页）。

2 P. 高更，《于斯曼斯与雷东》（Hysmans et Redon，1889），选自《Oviri：野蛮人手记》（*Oviri. Écrits d'un sauvage*），D.Guérin选编，巴黎：Gallimard，1974年，第60页。

3 P. 高更，《杂记》（Diverses choses，1896—1897），选自《Oviri：野蛮人手记》（*Oviri. Écrits d'un sauvage*），D. Guérin选编，巴黎：Gallimard，1974年，第179页。

“对大自然亦步亦趋的模仿”[1]，提倡去观察自然是怎样的“艺术家”[2]：他补充道，要以个人化的方式去观察，从中发现一门个人的“科学”[3]。简言之，他在《艾琳的手册》中总结道，“艺术家……（如果真的想要创作出有创造性的神妙作品）不应抄袭自然，而应该攫取自然中的各个元素，并以此为素材创造出新的元素”[4]。

对于高更和梅洛－庞蒂两人来说，对野蛮存在的表达包含了对**第一自然**（erste Natur）的“创造性重现”[5]，梅洛－庞蒂意味深长地将第一自然定义为“野蛮本原”（Principe barbare）[6]，并将其描述为“最古老的元素，一个在我们身上，也在所有事物身上始终在场、形影不离的‘过去的深渊’”[7]。

因此，对两人来说，对野蛮存在的表达同时是**考古**

1 P. 高更，《世博会艺术笔记》（Notes sur l'art à l'exposition universelle），选自《Oviri：野蛮人手记》，第 60 页。

2 P. 高更，《世博会艺术笔记》（Notes sur l'art à l'exposition universelle），选自《Oviri：野蛮人手记》第 60 页。

3 P. 高更，《综合笔记》（Notes synthétiques），选自《Oviri：野蛮人手记》，第 26 页。

4 P. 高更，《艾琳的手册》（Notes pour Aline），选自《Oviri：野蛮人手记》，第 26 页。

5 “创造性重现”（reprise créatrice）这一说法出自梅洛－庞蒂：如《意义与无意义》（*Sens et non-sens*，1948），巴黎：Gallimard，1996 年，第 32 页；《梅洛－庞蒂未曾发表的一份手稿》（1952），收入《文集 Ⅱ》，第 43 页。

6 M. 梅洛－庞蒂，《可见的与不可见的》，第 321 页（中文版第 342 页）；又见《自然：法兰西学院课程笔记》，第 62 页。

7 M. 梅洛－庞蒂，《自然：法兰西学院课程笔记》，第 61 页。1956—1957 年，梅洛－庞蒂在法兰西学院的授课笔记中，他对“野蛮本原”做出了解释，引用了谢林“这个第一自然是所有生命、所有存在者的根本质料，是令人恐惧的，是我们虽能够超越，却永远无法弃之一旁的野蛮本原”，第 62 页。

学和目的论的行为。因此，高更提出“以谎言来转译真理”[1]，他正是通过这种方式，使“谎言的真理”[2]不断在艺术实践中寻找着**符号** signe（而不是**原型** modèle[3]）——主要但不仅限于“原始”风格。

由此而来的就是他在艺术上的“折中主义”[4]——也称为“杜米埃（Daumier）和乔托（Giotto）在日本的相遇”[5]——也就是我们经常批评他的作品与原始主义艺术相比具有不连贯性[6]：这种折中主义，正如梅洛－庞蒂文中所写，让他无法提出“与博物馆艺术**相对立**的……原生表达”。随之而来的是高更的“文化混沌思想”[7]倾向，在“神智学精神”（l’esprit de la théosophie）[8]指引下他逐步走向所有宗教的共同基础，这一倾向贯穿了他在塔希提岛期间的大部分画作，在《现代精神与天主教教

1 P. 高更，《杂记》，第 178 页。

2 P. 高更，《杂记》，第 177 页。

3 “年轻人能找到自己的模本是一件好事，但他们画它的时候要在上面拉上帘子”（P. 高更，《艾琳的手册》（Notes pour Aline），选自《Oviri：野蛮人手记》，第 91 页）。

4 K. 瓦内多，《高更》，第 185 页。

5 这一说法出自《杂记》：“日本速写、葛饰北斋版画、杜米埃蚀刻画、付寒式的冷眼旁观，乔托派、它们被集于一册并非偶然，是我刻意为之的，有着明确的意图。因为我想通过不同的外观来揭示出它们彼此间的紧密联系。”（P. 高更，《Oviri：野蛮人手记》，第 162 页）

6 K. 瓦内多，《高更》，第 185 页。

7 K. 瓦内多，《高更》，第 191 页。

8 K. 瓦内多，《高更》，第 191 页。

义》[1]的手稿中也有所体现。

显然，仅凭这种文化多元混合思想和神智学精神是无法“避免宣讲基督教”的，正如克罗齐（Benedetto Croce）所言。但在高更的作品中，塔希提女性的肉体并非作为基督教的肉身出现，尽管这是画家某些画作的主题，这一形象更应该从刚刚提到的多元混合倾向角度来理解。借用德里达对南希的评论，我想说，这种倾向说明高更在绘画创作中似乎致力于一种全新的“基督教身体的解构”[2]。

高更与“基督教身体的解构”

以笔者之见，正是这一意图令高更在创作方面做出了重要转折，尝试了石头或木头等材质。实际上，在他的作品中，即使是在素描和油画中，塔希提女子的身体都呈现出雕像般的特征。他在《诺阿·诺阿》（*Noa Noa*）的首页也用了“雕塑般的形式”来描述他在波马雷王妃的身体与神庙立面之间看到的那种**肉体的**相

1　P. 高更，《现代精神与天主教教义》（L'esprit moderne et le catholicisme），P.Verdier 编辑，*Wallral-Richartz Jahrbuch*，XLVI，1985 年，第 273-328 页。在此我真诚地感谢伊丽莎白 C. 查尔兹（Elizabeth C. Childs）向我提供了这份手稿。

2　J. 德里达，《触感，让－吕克·南希》，第 247 页。而南希本人解释过，在他看来，基督教“因为与宗教、与它的传说和信仰的脱离”而自我解构。见 J.-L. 南希，《圣母往见（谈基督教绘画）》[*Visitation (de la peinture chrétienne)*]，巴黎：Galilée，2001 年，第 45 页；亦见，《触感，让－吕克·南希》，第 50 页。

似性（parenté charnelle）[1]。在《诺阿·诺阿》中，当提到自己为《戴花的女子》（*Vahine no te tiare*，1891）选择的模特时，他是这样描述的，她的嘴唇在他看来如同“雕塑家刻画出来的”[2]。相似地，在下边几行，他谈到情人塔哈玛娜，说她的身体令他联想到“一个完美的神像”[3]。在1889年3月一封写给艺术评论家安德烈·丰泰纳斯（André Fontainas）的信中，他再次用“雕塑般的”（statuaire）一词来形容某些“动物形象”的“硬度”（rigidité），并以一种意味深长的方式说道：“在他们的姿势韵律中、在他们罕见的静默姿态中有某种我无法道明的古老的、庄严的、宗教般的东西。”[4] **通过肉身与石头或木材的天然联系来寻求肉身**，以此重建肉身的原始神圣性，成了高更一项明确的创作意图和要求，在《杂记》中高更提出“我要创作的这幅画”（最终未能完成）**“主要表现了一位女子正在化为雕像，她的生命尚在延续，但身体正在变成神像”**[5]。

1　这一部分被收入 P. 高更，《诺阿·诺阿：芳香的土地》（*Noa Noa*）意大利语版，E.Fezzi 译，E.Fezzi 和 F.Minervino 编，《〈诺阿·诺阿〉及高更的第一次塔希提岛之旅》（〈*Noa Noa*〉*e il primo viaggio a Tahiti di Gauguin*），M.Sanson《序言》，米兰：Rizzoli，1974年，第134页（中文版郭安定译，上海：上海人民美术出版社，1987年。

2　P. 高更，《诺阿·诺阿：芳香的土地》，巴黎：G.Crès et C.，1929年，第109页。

3　P. 高更，《诺阿·诺阿：芳香的土地》，第119页。

4　P. 高更，《高更给妻子和友人的信》（*Lettres de Gauguin à sa famme et à ses amis*），M.Malingue 选编并作序，巴黎：Grasset，1946年，第288页（中文版闵希文译，北京：东方出版社，2001年；另见《高更艺术书简》，张恒、林瑜译，北京：金城出版社，2011年）。

5　P. 高更，《杂记》，选自《Oviri：野蛮人手记》，第165页。

高更正是在这种身体与雕塑**不可能的混合—融合**（con-fusion impossible）中寻找肉身，希望重建肉身的原始神圣性，展现出有生命的物和无生命的物之间的相互依属。他似乎正为此力图“解构”德里达在肉身中看到的“无法抹去的基督教隐含意义”，借助于对石头和木材等材料的应用，利用自然元素来重建肉身的（不仅是野蛮的，而同时也是希腊式的）神圣性。实际上，我们都知道高更明确反对将希腊艺术作为**规定的原型**，是因为他将希腊艺术作为众多灵感来源之一，例如《呀，你嫉妒吗？》（1892）中主要人物的形象就从酒神雕塑借鉴而来，他带到塔希提的行李中就有一张酒神雕塑的照片[1]。

另外，希腊艺术作为高更的众多灵感来源之一，也印证了他的折中主义，在整体上体现出他根本的文化多元混合倾向，通过这样的尝试，他试图揭示自己在塔希提文化和“其他更为主要的文化”[2]之间看到的深层联系。不难看出，这与他对多神论信仰（如希腊神族、塔希提宗教）的特殊兴趣相一致。显然这种兴趣也符合上

1 安娜·巴尔斯卡娅（A.G.Barsaka），玛利亚·阿里克桑德罗夫纳·贝索诺瓦（M.A.Bessanova），《苏联博物馆中的印象派和后印象派杰作》（*Capolavori impressionisti e postimpressionisti dai musei sovietici*），米兰：Electa，1983 年，第 66 页。关于同一问题也请参见 B.Dorival，《高更从爪哇、埃及和古希腊获得的艺术灵感》（Source of the Art of Gauguin from Java，Egypt and Ancient Greece），*Burlington Magazine*，n°577，1951 年 4 月，第 118-122 页，尤见第 121-122 页。

2 K. 瓦内多，《高更》，第 190 页。

文提到的他对原始神圣性的迷恋与借鉴，因为在这些信仰中——他在《天主教教堂与现代时期》[1]中解释——神并不是为解释“不可理解的神秘”而被发明出来的[2]。同样明确的是，这种对多神论信仰的关注和对原始神圣性的发掘，反过来与他本人实现“解构基督教肉身”的要求是同为一体的。正如让－吕克·南希提醒我们的那样，实际上，在基督教的一神论体系中，人—神在自我显现的同时也不断隐退。相反地，在塔希提诸神以及希腊诸神等多神论信仰中南希看到了一种“本质的特征”：“神的多元化促成了他们潜在的或实际的可见性以及他们的在场。多神论艺术提供了神的景象，而一神论则用神的唯一存在始终提醒我们它的不可见。”[3]

总之，南希一方面揭示了多神论诸神的不同可见性，另一方面描述了基督教及其他一神论信仰中神的“在场 / 隐藏和隐而不见的在场”[4]。关于这一问题，我们不能忘记，梅洛－庞蒂正是从“可见性”出发来定义我们称之为“肉身”的存在，指出这一可见性并不局限于简单的可见物的集合（南希所称的“第一可见性”[5]）还

1 参见 P. 高更，《天主教教堂与现代时期》，选自《Oviri：野蛮人手记》，第 198-202 页。

2 P. 高更，《天主教教堂与现代时期》，第 199 页。

3 J.-L. 南希，《肖像的目光》（*Le regard du portrait*），巴黎：Galiée，2000 年，第 66 页。

4 J.-L. 南希，《圣母往见（谈基督教绘画）》，第 48 页。

5 J.-L. 南希，《圣母往见（谈基督教绘画）》，第 195 页。

包括可见物指示出的动态线（ligne de force）和多维度空间，如此便产生了包裹在“第一可见性”之外，与其交织一体的“第二可见性”[1]。

幕遮与晦暗：绘画中的可见性

因此，以上所有论述将我们带向新的领域：绘画中可见的肉身，也就是传统上称之为肤色（incarnat）的表现元素。关于这一问题，我认为十分有必要重申，乔治·迪迪－于贝尔曼曾指出，incarnat 这个词尽管习惯上是指绘画中表现的“皮肤”（peau），但这个词的词根却并非来自皮肤；相反地，它来自肉身这个词[2]。此外，本书之前的论述正是要追问基督教绘画对肤色的表现是否有特定方式。显然对这样一个问题的回答必然联系到特定倾向。上文提到的让－吕克·南希对基督教一神论的定义能够帮助我们找到答案：如果实际上“严格意义上的基督教的神”是“在场/隐藏和隐身在场”的，我们似乎有理由认为，在基督教绘画中，肤色**试图**表现一

1 J.-L. 南希，《圣母往见（谈基督教绘画）》，第 195 页。

2 “所以，应该对肤色（incarnat）这个词提出疑问，首先就是它的不可分割性。In，是否代表在内部，或是在上面？而 carne（法语指老韧的肉，西班牙语指肉），la chair（法语指肉和肉身），难道不正代表了这无论任何情况下绝对的血色淋漓、丑陋无状的身体的内部，与它白皙的表面形成的鲜明对比吗？那么，为什么这些肉身不断反复出现，在这么多画家的笔下，它都被用来指代它的另一面，即皮肤？”［G. 迪迪－于贝尔曼，《绘画中的人体》（*La peinture incarnée*），巴黎：Minuit，1985 年，第 22 页］。南希又指出，“绘画是身体的艺术，因为它表现的只有皮肤，它的每一部分、整个地都是皮肤”（J.-L. 南希，《身体》，第 17 页）。

种处于隐退之中的在场，更准确地说，它表现了“撤退”[1]。请注意，南希一方面关注基督教绘画中的“幕遮与皮肤的显露”[2]，另一方面在对希腊诸神与基督教一神论的可见性对比中，他又提醒我们普洛丁（Plotin）占据的重要地位。众所周知，普洛丁认为感性的价值就在于不断地指向一种超感性的他异存在，从而向人敞开——如欧文·帕诺夫斯基的重要论点——“理念世界的视野，但又同时将其**隐于幕纱之后**”[3]。在基督教绘画中肤色体现的正是这样一种感性的“幕纱”：与梅洛-庞蒂的观点相反，它并非“阻隔探索目光的纹理紧实的织物”，从而“限定了感性的肉身”[4]，这里皮肤就如同一道幕纱，它通过一种神圣的原则在我们被照亮的视线中显露自身，但同时也为我们遮蔽了真正的源头。

这一讨论令我们得以反过来更好地看到高更绘画中“解构基督教的肉身”的尝试。

高更在石头和木材上的实验重新赋予皮肤以晦暗性，这也是梅洛-庞蒂在后期论述中力图揭示的：我们可以举《鬼魂在观望》（*Manao tupapau*，1892）中塔哈

1 J.-L. 南希，《肖像的目光》，第 65 页。

2 J.-L. 南希，《圣母往见（谈基督教绘画）》，第 46 页。

3 E. 潘诺夫斯基，《理念：古代艺术理论中一个概念的变迁》（*Idea. Contribution à l'histoire du concept de l'ancienne théorie de l'art*），H. Joly 译，巴黎：Tel-Gallimard，1983 年，第 47-48 页（中文版高士明译，范景中、曹意强主编《美术史与观念史 II》，南京：南京师范大学出版社，2003 年，第 565-657 页，引文见第 586 页）。

4 M. 梅洛-庞蒂，《符号》，第 211 页（中文版第 207 页）。

玛娜的身体为例，她深棕色的皮肤——就像从负片到正片的转变——令人想起《奥林匹亚》中白皙胜雪却同样处于晦暗之中的女子的皮肤，高更十分倾慕马奈的这幅作品[1]。若我们贴近细查便可体会到，赋予皮肤这样一种象征性的晦暗，令皮肤重新回到**与肉身的一体**，拒绝将皮肤仅仅视为身体的“包裹”（enveloppe）。梅洛－庞蒂提醒我们，大部分现代绘画试图打破的正是这种传统观念。另外，重新肯定肉身与皮肤的整体存在，意味着将肉身从与内在性的割裂状态，也就是从模糊的精神化观念中解放出来，不再顺理成章地认为肉身仅仅是内部先天的神圣原则——“在场／隐藏和隐身在场”——换句话说，是“灵魂”的寓所。将晦暗性归还于皮肤，因此也意味着归还肉身本有的坚实，从而避免将肤色仅局限为一道幕纱，虽然象征着形而上的光线，却又只能呈现神光的隐退。与此相反的是，基督教绘画似乎正体现了后面一种倾向，通过这种方式将我们带向末世的**幕纱的陷落**，也就是说，以一种末世论的视角将不断向“唯一存在”中退隐的神置入全然可见性之中。

借助在石头和木材上的创作，高更试图重新发掘作为原始存在的自然（Nature）的神圣性，一切有生命的和无生命的存在都归于此，并在其中互为归属，因此自

1 科克·瓦内多（Krik Varnedoe）写到，在《鬼魂在观望》中，塔哈玛娜看上去“是马奈《奥林匹亚》的变型，身体姿态被反转过来，增添了异域气息，并为她增添了温驯娇媚的魅力”（K. 瓦内多，《高更》，第 199 页）。

然作为它们的共同可见性的肉身——同时作为“第一可见性”和“第二可见性”——并不遵循某个形而上学原则，也并不是**幕布塌落的末世**预言。这一可见性融合了多神论信仰的原则和西方文化“上帝之死”的感受[1]，宣告着——梅洛-庞蒂在最后一门课上引用了尼采《快乐的知识》第二版的前言（1886）——“我们不再相信，当真理面庞上的幕纱被揭开，它还将仍旧保持真理的身份”[2]。

更准确地说，在可见性中划分“第一可见性”和作为它的不可见的光环的“第二可见性”这一做法，对梅洛-庞蒂来说只是一种尝试，但划分本身显示出他对文明特征的肯定，相比较而言，高更想要重新创造一种看待“原始”的方式，在其中划分等级显然是有问题的。这一点在《布道的幻象》（*La vision du sermon*，1888）和《鬼魂在观望》中有着十分明显的体现。在这些作品中，巫术—宗教的元素——布列塔尼农民们的幻觉，以及塔哈玛娜的幻觉——都**呈现于**画布之上，并刻意模糊了它们与感性现实本身的差别[3]。这些作品成功地使人看到现实与想象的共生。而对这一共生的呈现也强调了神

1 这种感受性在《天主教教堂与现代时期》中表现得十分明显。参见 P. 高更，《Oviri：野蛮人手记》，第 198-199 页。

2 参见 M. 梅洛-庞蒂，《法兰西学院课程笔记（1958—1959 及 1960—1961）》，第 277 页。此段引文出自 F. 尼采，《快乐的知识》（*Le gai savoir*），A.Vialatte 译，巴黎：Gallimard，1950 年，第 15 页。

3 参见 K. 瓦内多，《高更》，第 183-184 页，第 199-200 页。

话—象征维度，即“原始存在”的**现实性**（actualité），它就是原始神圣性的源头。

而当我们更仔细地查看便会发现，正是在现实与想象如此共存之中，孕育着有生命者与无生命者的共同存在。不过这一次在其中扎下根脉的是泛灵论，也就是《鬼魂在观望》中由塔哈玛娜的幻觉唤起的万物有灵论[1]。然而，不仅是泛灵论，扎根于有生命者与无生命者的共同存在之中的，还有梅洛－庞蒂提出的“世界的肉身”概念。这使它与德里达宣称的“基督教形象”有了天壤之别。

通过在石头和木材上的艺术尝试，高更的作品也在追寻着同样的根，这也是为什么我将“解构基督教‘肉身’”视为他创作的重要特征之一。实际上，这一转向令他在波利尼西亚时期的作品，即使在反映基督教主题的画作之中，都渗透了原始元素，这种探索一直到他布列塔尼时期的作品中都有体现，例如在《布列塔尼的基督》（*Calvaire Breton*，1889）中，一组圣人的形象构成了一个图腾。我们不能忘记，图腾崇拜正是从“世界的肉身”概念揭示的原始存在中孕育而来的[2]。

1　参见 K. 瓦内多，《高更》，第 199 页。

2　这一点可以在梅洛－庞蒂的叙述中得到印证，他在谈到爱斯基摩面具的特征时也联系到了“世界的肉身”。参见 M. 梅洛－庞蒂，《自然》，第 269 页注释 a，第 277 页注释 a 及注释 1。在这一问题上，我认为同样可以参考对毛利人的图腾崇拜的分析，参见塞尔日·杜尼（S.Dunis），《既无禁忌也无图腾》（*Sans tabou ni totem*），巴黎：Fayard，2003 年，尤见第十章论述，第 409-436 页。

这一概念显示出的并非基督教思想，而是“我们的时代所推崇的”一种**原始主义的哲学**（figure philosophique du primitivisme），梅洛–庞蒂在这一章开头的引文中明确提出了这一点。它代表的哲学思考与高更的原始主义十分相近，远甚于随后的立体主义，后者“将原始主义作为对抗模糊神秘的明暗交界的武器，而对于高更来说，晦暗却有着如此强烈的吸引力”[1]。

梅洛–庞蒂从他的角度出发重申了现实与想象界限模糊的共生，他写道：

> 我们此前与事物，尤其是与他人的关系从根本上来说有着梦境般的特征：他人仿佛在梦中、在神话中一般呈现在我们面前。[2]

而高更以他独有的方式，仿佛想要证明如此这般的**在场**（presence）（我们在前面看到，南希用这一概念来强调多神论神祇与一神论宗教中的神不同的可见性）所描绘的不但是这种关系，更重要的是，它还体现了我们与“不可理解的神秘”的联系，归纳成三个问题，就是“我们从何处来？我们是谁？我们向何处去？”。

1　参见 K. 瓦内多，《高更》，第 201 页。

2　M. 梅洛–庞蒂，《法兰西学院 1952—1960 年课程概要》，第 69 页。

第三章 “使人们看见”：梅洛 – 庞蒂与保罗·克利

不可见之物的可见性（la visibilité de l’invisible）

Sichtbarmachen（使人们看见），它出现在保罗·克利 1920 年为《创造者的信条》（*Credo du créateur*）写下的著名开篇词中：“艺术并不复制可见之物；它使人们看见。”[1] 六年之后，这句话重新出现在一幅素描的旁边，画的整体隐约呈现人形，画面中央有一扇门，门并没有嵌在墙上，而是悬在一片星空之上。如果说艺术真的能够使人们看见，那必须指出，这是因为**不可见之物具有可见性**，它在可见本身的生成（genèse）中——也就是说，在可见之物的“初生状态”（état naissant）中——隐约展现。梅洛 – 庞蒂在法兰西学院最后的课程笔记中强调：克利在《创造者的信条》中说过，“此外，艺术作品首先即是生成（*Auch das Kunstwerk ist erster Linie Genesis*）”[2]。

1 P. 克利，《创造者的信条》（Credo du créateur，1920），收入《现代艺术理论》（*Théorie de l’art moderne*），P.-H.Gonthier 编，巴黎：Gallimard，1998 年，第 34-42 页，引文见第 34 页。

2 P. 克利，《现代艺术理论》，第 38 页。另见 M. 梅洛 – 庞蒂，《法兰西学院课程笔记（1958—1959 及 1960—1961）》，第 56 页注释 a。

这也是艺术家力图展现的，四年后克利在一场名为“论当代艺术”的研讨会上坦承了这一点，他的发言也同样被梅洛－庞蒂引用——克利说道：

> （艺术家）用一种穿透式的目光，对大自然置于自己眼前的已然成形的事物逐一进行查探。随着这目光越来越深入，他的视域就越发深入地由现在向过去延展。而他得到的就不再是一幅有限的、再现自然的画面，而是——这也是唯一重要的——展现创造本身，即展现生成（Genèse）的画面。[1]

“抓住正在生成的世界的意义或历史的意义”，这也是梅洛－庞蒂为现象学、为他自己设定的目标，同时还是他在“现代思想”——或者更准确地说，在“当代思想”中找到的共鸣[2]。他无疑将克利在绘画方面的探索也归入同一项事业，并且随着时间的推移，在克利身上看

1　P. 克利，《现代艺术理论》，第 15-33 页，引文见第 28 页；另见 M. 梅洛－庞蒂，《法兰西学院课程笔记（1958—1959 及 1960—1961）》，第 58 页；关于这一宣言涉及的哲学问题，参见 E.Franzini，《符号与不可见的：象征性思维的图像与形式》（*I simboli e l'invisibile. Figure e forme del pensiero simbolico*），米兰：il Saggiatore，2008 年，书中第 101 页有关于此段的引用及评述。

2　最后一段引文见梅洛－庞蒂，《知觉现象学》，第 XVI 页。而在此问题上，我认为梅洛－庞蒂在书中提出的这种改变在当今社会依然在继续：这就是为什么我将其称为“当代的”。因此，我也将那些体现出这一动态的文化现象称为“当代的”，尽管在学科定义上和以往的研究中他们都被划归于“现代”时期。相反地，我将这一变化所针对和质疑的文化范式称为“现代的”。

到了越来越多的共同点[1]。

在上文提到过的梅洛－庞蒂为1958—1959年《当今的哲学》课程所做的备课笔记中，我们看到他在1959年1月对这一问题做了大量思考，围绕威尔·格罗曼（Grohmann）[2]献给克利的书，他在反复思考之后提出疑问："为什么始终强调克利？"[3]而在文中他也含蓄指出，其中一个原因就在于克利一直十分重视"对生成的把握"[4]这一主题。

前文中出现的"不可见之物的可见性"这个表达是

1 关于这一共同点，克劳迪欧·封塔纳（C.Fontana）在《现象描述分析学。保罗·克利与图文象形创作的秘密》（Fenomenografie. Paul Klee e il segreto pittografico della creazione）一文中提出了某些与可见性问题相关的主题，见C.Fontana主编，《保罗·克利，可见的史前学》（*Paul Klee, Preistoria des visible*），米兰：Silvana Editoriale，1996年，第97-98页。盖伦·琼森（G.A.Johnson）还在《用颜色思考：梅洛－庞蒂与保罗·克利》（Thinking in color：Merleau-Ponty and Paul Klee）一文中谈到了与颜色问题相关的其他主题，见V.M. Foti主编，《梅洛－庞蒂：差异，物质性，绘画》（*Merleau-ponty: Difference, Materiality, Painting*），新泽西：Humanities Press，1996年，第169-176页；在另一篇文章中，盖伦·琼森还探讨了与艺术作品的时间相关的主题，见《作品的在场，一个永不逝去的过去：梅洛－庞蒂与保罗·克利》（Présence de l'œuvre，un passé qui ne passe pas：Merleau-Ponty et Paul Klee），*Alter*，nº16，2008年，第227-242页；此外，作者还在《美的重建：论梅洛－庞蒂美学》（*The Retrieval of the Beauty: Thinking Through Merleau-ponty's Aesthetics*）一书中《保罗·克利：道德之美》（Paul Klee：Moral Beauty）这一章中讨论了与美有关的诸主题（埃文斯顿：Northwestern University Perss，2010年，第103-141页）。

2 参见M.梅洛－庞蒂，《法兰西学院课程笔记（1958—1959及1960—1961）》，第52-61页；以及W.Grohmann著，《保罗·克利》（*Paul Klee*），J. Descoullayes和J. Philippon译，巴黎：Flinker，1954年。

3 M.梅洛－庞蒂，《法兰西学院课程笔记（1958—1959及1960—1961）》，第61页。

4 M.梅洛－庞蒂，《法兰西学院课程笔记（1958—1959及1960—1961）》，第58页。

梅洛-庞蒂的发明。这个术语在他1959—1960年在法兰西学院讲授的最后一门课程《自然与逻各斯：人的身体》概要里首次出现。尽管没有公开宣称，显然梅洛-庞蒂已经通过这样一个标题为自己的哲学研究定下了基调，从此明确致力于构建一种“新的本体论”。

我们在第一章提到过，这项计划的最初来源和目标就是“感性的本体论地位的重建”。而正是这一重建令他看到了——根据上文《概要》中的表述——“一种作为不可见的可见性的肉身哲学”[1]，它将基于这一重建，对可感与可知的关系做出重新思考。

众所周知，这一问题源于柏拉图主义传统，它贬低感性的本体论价值，将其与理解、认识相对立，这种对立也因此对应了视觉的两种模式：一种是身体的视觉，局限于对感性世界的观看；另一种是精神的视觉，来自对理念世界的静观。

提出“重建感性的本体论地位”因此意味着远离这一传统（这与克利“使人们看见”“创造即生成”的意图异曲同工），重新思考可感与可知的关系。梅洛-庞蒂直至去世都还致力于这项研究。他去世时未及完成的《可见的与不可见的》手稿讨论的正是这个问题。

梅洛-庞蒂在他为法兰西学院所做的最后一门课程笔记中阐述了这本书的研究方向：一方面发掘“自然概

1　见M.梅洛-庞蒂，《法兰西学院1952—1960年课程概要》，第178页。

念”，另一方面则探讨“当今哲学的可能性”[1]——这样的设置可谓引人深思。

关于我们正在讨论的问题，他为《笛卡尔本体论与当今本体论》所做的备课笔记可以说很有启发性。实际上，这些笔记显示了梅洛 – 庞蒂对新的本体论以及对可感和可知关系的重新定义的大体方向：在他看来，这些方向尽管尚未获得明确的哲学表述，却**早已体现在**当代本体论之中。

在这一发展的核心，一个此前经常以不明确的方式出现（即使在后期文本中也如此，只在《眼与心》中被确切提到过一次[2]），实际上却在“作为不可见的可见性的肉身哲学”中处于**核心地位**的概念最终获得了理论表述。这个概念被称为“超视觉”（voyance），代表了“双重视觉”的能力。为发掘这个概念的全部意义，我将对比梅洛 – 庞蒂在此前两年对保罗 · 克利绘画研究所做的笔记（并且对这一课程所属的整个研究计划做简要介绍）来阐述这一问题。

当今的“诗画一致”（*ut pictura poesis*——画如此，诗亦然）

在前面我们说过，从 1960—1961 年课程的标题可

1 M. 梅洛 – 庞蒂，《课程概述》，第 141 页。

2 见 M. 梅洛 – 庞蒂，《眼与心》，第 41 页（中文版第 54 页）。

以看出，这门课的目的十分明确，那就是：通过与笛卡尔本体论的对比，为当代本体论找到哲学表达，而在梅洛－庞蒂看来，到目前为止对当代本体论最明确的表达出现在艺术领域尤其是文学创作中。

他研究的第一步在于对“当代本体论”整体格局的展示，揭示它如何自发、含蓄地在艺术和文学的土壤中扎根萌芽：梅洛－庞蒂特别强调“尤其是在文学领域”[1]，语气之确凿最终足以推翻此前部分学者将绘画视为梅洛－庞蒂后期哲学唯一灵感来源这个误解。

然而梅洛－庞蒂对艺术领域的探索始终不离绘画研究，他延续了前一年夏天在《眼与心》中的思考方向，而保罗·克利的绘画思想在其中无疑占据了核心地位[2]。这次对文学的探索主要围绕普鲁斯特、瓦莱里、克洛岱尔和某些“近代文学”代表人物[3]——如圣琼·佩斯（Saint-John Perse）和克劳德·西蒙（Claude

1　M. 梅洛－庞蒂，《法兰西学院课程笔记（1958—1959 及 1960—1961）》，第 391 页。

2　“克利的四卷本《记事本》于 1956 年整理成册在德国出版，梅洛－庞蒂读过 1959 年出版的法语译本。在 1960 年写《眼与心》的时候，梅洛－庞蒂深入研究了克利的《记事本》，这位画家逐渐成了梅洛－庞蒂后期关于绘画和自然哲学理论中最为突出的声音之一”（G.A. 琼森，《用颜色思考：梅洛－庞蒂与保罗·克利》，第 170 页）。

3　M. 梅洛－庞蒂，《法兰西学院课程笔记（1958—1959 及 1960—1961）》，第 191 页。

Simon）[1]——的作品展开。

尽管在最初的计划中并没有提及，在对当代本体论整体格局的定义中，另一部文学作品慢慢浮现并逐渐占据了中心地位：那就是阿尔蒂尔·兰波（Arthur Rimbaud）的《通灵者书信》（*Lettre du voyant*），它来自梅洛－庞蒂对马克思·恩斯特一段宣言的引用，恩斯特认为画家的真正任务与兰波诗中歌颂的诗人的任务不谋而合，他声称："正如著名的《通灵者书信》将诗人的任务规定为把那自动运行的思考以及在他身上自动形成的表达誊写下来，画家的角色也是将他身上自动形成的视觉勾勒并投射出来。"[2]

因此"超视觉"最终被用来命名"在作家与可见之间的新的纽带"[3]，在梅洛－庞蒂看来这与"现代"研究（而对其更为确切的表述，如上文所言，或许应该是

1 M. 梅洛－庞蒂，《法兰西学院课程笔记（1958—1959 及 1960—1961）》，第 391 页。"总之，——梅洛－庞蒂随后指出——普鲁斯特：肉体的本质；瓦莱里：意识不在于内在，而是蕴藏于生活之中；克洛岱尔：同时性，最高的真实在我们下方；圣琼·佩斯：诗歌是对存在的显露；克劳德·西蒙：轻信的区域和感性存在的区域，对可见的和不可见的、肉身与精神的关系的逆转；对意义的发现，作为完整存在的筋脉；对精神的超越"（第 392 页）。

2 G. 夏尔博涅，《诗人的独白 I》（*Le Monologue du peintre* I），巴黎：Julliard，1959 年，第 34 页。马克思·恩斯特的宣言在《可见的与不可见的》第 261 页、第 263 页已经出现过，随后在《眼与心》第 30-31 页和第 45 页被再次引用。拙作《不可见的可见性：梅洛－庞蒂在塞尚与普鲁斯特之间》（*La visibilité de l'invisible. Merleau-Ponty entre Cézanne et Proust*，希尔德斯海姆：Olms，2001 年，第 110-118 页）一书中对这一问题做了更为具体的分析。

3 M. 梅洛－庞蒂，《法兰西学院课程笔记（1958—1959 及 1960—1961）》，第 190 页。

"当代"）有着紧密联系，并且在其中重新发现了"笛卡尔之后重新展开的文艺复兴"[1]。"现代人，"他写道，"通过可见性的神奇理念重新发现了文艺复兴。是事物令自身成为可见的（由外而内）、由彼至此。"[2] 在几乎同一时期的《符号》一书前言中，他解释了何谓"可见性的神奇理念"：

> 事物与可见世界……始终位于我视野中看到的东西背后，在界域边缘，而我们称为可见性的正是这一超验性本身。没有任何事物、没有事物的哪一面不是靠主动地遮蔽其他事物、遮蔽事物的其他方面而显露自身，同时也通过遮蔽的行为将被遮蔽之物揭示出来。[3]

因此，梅洛－庞蒂认为当今的文学重新建立了与"可见性的神奇理念"的联系，并且以——兰波描述的——超视觉作为显著特征。"实际上，"他进一步指出，"达·芬奇正是用超视觉**来对抗**诗学。"[4] 他认为后者与绘画不同，"不能够表现同时性"[5]，因此也无法让我们

1 M. 梅洛－庞蒂，《法兰西学院课程笔记（1958—1959及1960—1961）》，第175页。

2 M. 梅洛－庞蒂，《法兰西学院课程笔记（1958—1959及1960—1961）》，第390页。

3 M. 梅洛－庞蒂，《符号》，第29页（中文版第24页）。

4 M. 梅洛－庞蒂，《法兰西学院课程笔记（1958—1959及1960—1961）》，第183页。

5 M. 梅洛－庞蒂，《法兰西学院课程笔记（1958—1959及1960—1961）》，第175页。

看到——见《眼与心》中的精彩论述——那些“彼此不同的、‘外在’的、不相干的存在，事实上却是绝对地属于一体的”[1]。而另一方面，梅洛－庞蒂指出，“现代诗人将诗也写成了超视觉”[2]，证明了诗与绘画一样，“也可以表现同时性”。

笛卡尔将视觉局限为由图像（也同样可以由符号、词语）引发的思想，而梅洛－庞蒂则提出了与之相反的假设，“现代艺术揭开了覆盖在超视觉之上的面纱，不再是笛卡尔式的思想，或许在**语言**艺术中能够找到其对应物（analogue）”[3]，因此，“或许不应把视觉理解为思想对符号的解读，而是相反地，在言语中找到与视觉中同样的超验性”[4]。他认为兰波正是其最佳代表。

因此，超视觉在知觉与想象的不断交织中“令我们看到那不在场之物”[5]，是视觉的本质特征，说明视觉并非海德格尔所称的**表象**（*Vor-stellung*）——“一

1　M. 梅洛－庞蒂，《眼与心》，第 84 页（中文版第 85 页）。关于对同时性的文学表达，梅洛－庞蒂主要在对《追忆似水年华（1）：在斯万家那边》的结尾（见《法兰西学院课程笔记（1958—1959 及 1960—1961）》，第 197 页）以及对克洛岱尔（第 198 页起）和克劳德·西蒙（第 204 页起）的作品分析中展开论述，见第 52 页注释 1。

2　M. 梅洛－庞蒂，《法兰西学院课程笔记（1958—1959 及 1960—1961）》，第 183 页。

3　M. 梅洛－庞蒂，《法兰西学院课程笔记（1958—1959 及 1960—1961）》，第 182-183 页。

4　M. 梅洛－庞蒂，《法兰西学院课程笔记（1958—1959 及 1960—1961）》，第 183 页。

5　M. 梅洛－庞蒂，《眼与心》，第 41 页（中文版第 54 页）。

种将世界的图画或图像置于精神面前的思考”[1]，也就是一种征服（assujettissement）。观看因此意味着**协助**（seconder）——不去在主动性与被动性之间做出区分——是我们身处其中心的、被一种类比的力量[2]所贯穿的感性宇宙的**自行显示**（auto-monstration）。波德莱尔在《书信集》中曾提到这种类比的力量，身体与事物根据这一规律相互召唤，不断结成新的联系，创造着新的动态线（ligne de force）与灭线（ligne de fuite）：从而描绘出整个“感性世界的逻各斯”[3]，梅洛－庞蒂经常引用胡塞尔这个观点，它意味着对可感的和可知的两者关系根本彻底的

1　M. 梅洛－庞蒂，《眼与心》，第 17 页。克里斯蒂娜·布奇－格鲁克斯曼（Christine Buci-Glucksmann）指出，通过超视觉概念，梅洛－庞蒂创造了“一种超出视线所及的视看，一种摆脱了视觉—再现框架的束缚的视觉”［C. Buci-Glucksmann，《视觉的疯狂：论巴洛克美学》（*La folie du voir. De l'esthétique baroque*），巴黎：Galilée，1986 年，第 70 页）］。

2　值得注意的是，在《眼与心》中，感性宇宙被定义为“类比的梦幻世界”（M. 梅洛－庞蒂，《眼与心》，第 41 页，中文版第 54 页）。

3　见 E. 胡塞尔，《形式逻辑和先验逻辑——逻辑理性批评研究》（*Logique formelle et logique transcendantale. Essai d'une critique de la raison logique*，1929），S.Bachelard 译，巴黎：PUF，1957 年，第 386 页（中文版李幼蒸译，北京：人民大学出版社，2012 年）。兰波从他的角度描述了诗人如何“经过一番漫长、无涯而又理性的所有感官的失常过程”而获得超视觉［A. 兰波，《作品全集》，A.Adam 主编，“七星文库”丛书（*Pléiade*），巴黎：Gallimard，1972 年，第 249 页］，对此梅洛－庞蒂评论道：“这并不意味着停止思考——感官的失常意味着打破感官之间的隔阂，重新回到诸感觉彼此并未分割的状态——而一种并非我自己的，而是它们自己的思想因此形成”（M. 梅洛－庞蒂，《法兰西学院课程笔记（1958—1959 及 1960—1961）》，第 186 页）。而对这一问题上的不同意见，可参见吉尔·德勒兹在兰波诗句中看到的对《判断力批判》的一种可能的综述：“一种彻头彻尾浪漫主义的康德式的表达”［G. 德勒兹，《批评与临床》（*Clitique et clinique*），巴黎：Minuit，1993 年，第 47 页］。楷体字为本书作者所强调。

反思。

把观看描述为一种**内部的协助**实际上明确对应了保罗·克利在《论现代艺术》研讨会上谈到的艺术家的"**再现的誓愿**"（*gegenständliche Jawort*），梅洛－庞蒂在课程笔记中引用了他的发言[1]。在我看来，这一特征也同样体现在保罗·克洛岱尔为自己的书所选择的欢快标题上，不仅梅洛－庞蒂反复多次提到这本书——它出现在我们目前分析的文本之中并非意外——甚至整个法国现象学、美学界都对此倍加关注。这本书的名字是《眼睛在听》[2]：这一联觉式的表达拒绝了所有对感觉域分析性的划分，尤其在所谓视觉的主动性与听觉的被动性之间的区分[3]。

由于赋予了视觉这样的特征，超视觉构成了梅洛－庞蒂在《眼与心》中"把古典思想与现代绘画的探究加以对照时"[4]所预见到的"人与存在之间关系的转变"。

1 见 P. 克利，《论现代艺术》（Sur l'art moderne，1924），收入《现代艺术理论》，第 78 页，法语版第 24 页（"对客体的赞同"）。Jawort 在德语中指婚礼盟誓中的"我愿意"。参见 M. 梅洛－庞蒂，《法兰西学院课程笔记（1958—1959 及 1960—1961）》，第 59 页注释 a。

2 P. 克洛岱尔，《眼睛在听》（*L'œil écoute*，1946），巴黎：Gallimard，1990 年。在课程笔记中关于克洛岱尔——也包括其他那些"以更为激进的方式继承了普鲁斯特的事业"的作家——的部分，尤其是在提到《眼睛在听》时，梅洛－庞蒂指出："反柏拉图主义：毫无疑问，可见视界并非全部——但比它更真实的，是它的复本，或影子"（M. 梅洛－庞蒂，《法兰西学院课程笔记（1958—1959 及 1960—1961）》，第 198 页及第 201 页以后）。

3 关于这一问题的讨论，也可参见 M. 杜夫海纳，《眼睛与耳朵》（*L'œil et l'oreille*），蒙特利尔：Éditions de l'Hexagone，1987 年，第 115 页。

4 M. 梅洛－庞蒂，《眼与心》，第 63 页（中文版第 70 页）。

而在一则《可见的与不可见的》笔记中，梅洛－庞蒂认为“无调的音乐”与“画中没有可识别之物，没有事物的**皮肤**，但却呈现出它们的**肉身**”[1]显示出异曲同工的转变，换句话说——在讨论保罗·克利的课程笔记中，他进一步解释为——一种与外观不符的绘画……因为它说出了自然想要表达却从未表露的“令事物与世界得以存在的‘生成的法则’”[2]。

梅洛－庞蒂预见的这一转变实际上包含了一种人与存在关系的**身体性的**赠予（donation charnelle），这就是为什么它在关于意识、再现，关于主客体对立的语言中无法得到适当的表达。实际上，当代文学将通过一种“新的纽带”与可见的相联结，这一纽带就是“超视觉”。

因此，梅洛－庞蒂研究了笛卡尔 1929 年 11 月 20 日就“普世语言”问题写给梅森（Mersenne）的信[3]，分析了笛卡尔的语言概念之后，他在其中发现了“知觉理

1　M. 梅洛－庞蒂，《可见的与不可见的》，第 272 页（中文版第 276 页）。梅洛－庞蒂在《法兰西学院课程笔记（1958—1959 及 1960—1961）》第 61-64 页也讨论了当代绘画与音乐之间的相似性。

2　M. 梅洛－庞蒂，《法兰西学院课程笔记（1958—1959 及 1960—1961）》，第 56 页。

3　参见 1929 年 11 月 20 日笛卡尔写给梅森（Mersenne）的信（R. 笛卡尔，《全集》，Adam-Tannery 主编，巴黎：Vrin，1996 年，Vol Ⅰ，第 76-82 页）。

论的对应”[1]，并因此提出了当代的语言的定义。在他看来，当代语言“不再被描述为一种工具，一艘由思想领航的船——而是思想与语言的实体结合——不受统治的、具有自身特殊效力的语言”[2]。《通灵者书信》就标志了这样一种观念的出现，从此语言的自主性被推到极致，诗歌也成为一种“超视觉”：兰波因此也被视为“这场在他之前开始并将在他之后继续存在的文学新发展的标志性人物”[3]。“或许”，梅洛－庞蒂随后再次重申了《眼与心》中在绘画领域看到的“人与存在关系的转变”也是自浪漫主义时期开始就在作家笔下体现出的变化[4]：我们说过，在画笔下的可见性和作家的言语中体现出的，不是寻找固定意义[5]，而是与事物混同在一起，并且，就像兰波笔下的“一段树干发现自己生来是小提

1 M. 梅洛－庞蒂，《法兰西学院课程笔记（1958—1959 及 1960—1961）》，第 183 页。他在《眼与心》第 44 页注释 13（中文版第 56 页注释 1）中已经提出了这种对应性：“绘画借以令我们看见的那些系统方法是科学研究的对象。那么，我们为什么不能有条理地创作出世界的完美形象，创作一种摆脱了个人艺术的普遍绘画，就如同普遍语言使我们摆脱了散乱地存在于现存语言里的全部混乱关系一样呢？”

2 M. 梅洛－庞蒂，《法兰西学院课程笔记（1958—1959 及 1960—1961）》，第 186 页。

3 M. 梅洛－庞蒂，《法兰西学院课程笔记（1958—1959 及 1960—1961）》，第 187 页。

4 M. 梅洛－庞蒂，《法兰西学院课程笔记（1958—1959 及 1960—1961）》，第 187 页。

5 M. 梅洛－庞蒂，《法兰西学院课程笔记（1958—1959 及 1960—1961）》，第 189 页。

琴”，它成了感性自身的感性标志[1]。

我们在上文提到，梅洛 - 庞蒂强调“在语言中重新发现与视觉中同样的超验性”的当代紧迫性，并且在兰波关于超视觉的诗作中找到了对应：这就是视觉的超验性，不是一种服务于理解力的“处于第二位的视觉”，而是在可见之中看到不可见的视觉，它令我们在音乐旋律、文学语言或者在可见的幕纱上，看到从中透出的不可见的理念。克里斯蒂·布奇 - 格鲁克斯曼因此写道：“超视觉——它为我们带来缺失之物的在场——同时定义了艺术的领地之所在和通向存在的入口，是美学与本体论的同时涌现。”[2] 鉴于此，我们可以断言，这一双重涌现也伴随着一种**认识论**（gnoséologie），因为超视觉

1 M. 梅洛 - 庞蒂，《法兰西学院课程笔记（1958—1959 及 1960—1961）》，第 186 页，兰波的引文，见兰波 1871 年 3 月 13 日写给乔治·伊藏巴尔（Georges Izambard）的信，它被视为《通灵者书信》的初版（A. 兰波，《作品全集》，第 248-249 页）。在 1951 年的《人和厄运》会议发言上，梅洛 - 庞蒂已经提出了这种针对由《通灵者书信》首创的诗歌创作体验的观点（后收入《符号》一书中），并指出“长期以来，日常语言在文学中遭到摒弃。虽然马拉美与兰波的文学创作大相径庭，但他们追求的共同目标就是使语言摆脱‘明证’的检验，相信语言可以创造和获取新的意义关系。因此，在作家看来，语言不再是（如果它曾是的话）一种单纯的工具或手段，用来交流从别处给出的意向。现在，语言和作家融为一体，语言是作家本人。语言不再是意义的仆人，而是表达活动本身，因此说话的人或作家并不是有意识地在支配语言，正如普通人在生活中不用去预先筹划排演自己每一个动作的细节和方式。……作为语言专业人员的作家是有风险的专业人员”（M. 梅洛 - 庞蒂，《符号》，第 295 页，中文版第 291-292 页）。为了在这一问题上打开更广阔的比较和讨论空间，我们也可以参照海德格尔对兰波的分析，他在与勒内·夏尔（René Char）的通信中多次提到这一问题。可参见 M. 海德格尔，《在世的兰波》（Rimbaud vivant），R.Munier 译，M.Haar 主编，《海德格尔》，“Cahier de l’Herne”，巴黎：L’Herne，1983 年，第 110-111 页。

2 C. 布奇 - 格鲁克斯曼，《视见的疯狂：论巴洛克美学》，第 71 页。

定义了“一种**完全虚拟的本质直观**（*Wesensschau*），而与此同时，它在对这样或那样的现象的直觉（视觉，或者更笼统地说：一切统觉）中也**始终起着作用**”[1]。

简言之，超视觉能在存在者身上看到整个存在的展现，因此具化为本质直观的思考：并非宇宙论（Kosmotheoréin），而是一种与感性视觉不可分割的、身体化的本质直观[2]：这就是第一章中提到的身体的观念性，我们在此后几章将对它进行更深入的研究，它就是“感性理念”。

在巴洛克世界中思考哲学

梅洛－庞蒂在我们这个时代的作家、画家与可见的建立的纽带中看到的“人与存在关系的转变”呼唤着一个与之相应的哲学表达，而这也意味着重新思考哲学本身。实际上，从课程笔记来看，显然梅洛－庞蒂不是要抛弃而是要借助体验重新思考哲学。正是得益于对体验的表达，艺术与文学清晰表达了这样一种转变，比哲学

1　M. 利希尔，《后期梅洛－庞蒂哲学中的本质与“直觉”》（Essence et “intuition” des essences chez le dernier Merleau-Ponty），刊于《现象、时间与诸存在：本体论与现象学》（*Phénomènes, temps et êtres. Ontologie et phénoménologie*），格勒诺布尔：Millon，1987 年，第 79 页。

2　这一问题关系到梅洛－庞蒂在《可见的与不可见的》“探究与直觉”一章中，尤其是第 155 页（中文版第 144 页）对胡塞尔纯粹感应的“神话”——也就是由一个无身体的“纯粹观看者”发出的直观——的批评。此外，本书中另一则工作笔记指出：“看，就是这种不再为了拥有本质而思的思想。”（第 301 页，中文版第 315 页）

更早也更好地对其进行了反思。

而后者（哲学）“如同文学一样，用词语使人们看见”[1]，梅洛－庞蒂在一则《可见的与不可见的》工作笔记中写道。因此，根据这一观点，哲学与当代文学一样，也试图建立与可见的“新的纽带”，通过它来“**使人们看见**”（*sichtbar machen*）。

但是，梅洛－庞蒂是如何看待“以词语使人们看见”这种哲学与文学的共同点的呢？在《可见的与不可见的》中梅洛－庞蒂对他所称的哲学的“对象”（尽管用对象这个词并不准确）做出了解释：

> 实际的、在场的、最终的也是最初的存在，物本身，原则上都通过各自不同的视角、**在透明中被把握**，因此仅仅向那些意图**看见它们**，而不是**拥有它们**的人显露自身，那些人不是将它们夹在镊子尖上或固定在显微镜下，而是**任它们存在**，并协助它们持续地存在，仅仅满足于把那空洞、把它们反复要求的自由空间归还给它们，给予它们需要的共鸣。[2]

在这段紧密庞杂的论述中，哲学对它的“对象”的态度被定义为“观看”，而这种观看的特征与我刚才提到的“内部的协助”（seconder à l'intérieur）有着异曲同

1　M. 梅洛－庞蒂，《可见的与不可见的》，第 319 页（中文版第 340 页）。
2　M. 梅洛－庞蒂，《可见的与不可见的》，第 138 页（中文版第 127 页）。

工之处。实际上，这样的观看意味着放弃以理解力去占有（Begriff）[1]的意图，也就是说，任其存在。此外，这一表达——并非文本中唯一一处体现了海德格尔的影响——在下面几行再次出现，作为对知觉本身的描述、将知觉视为一种“探究的思想”：

> 应该将知觉理解为这种探究的思想，它让所见世界存在，而不是设定它，在知觉面前，事物在是与非之间滑行；自行生灭。[2]

从这样一种视角出发，我们可以说，在把哲学描述为“以词语使人们看见”，意味着看见应该被理解为“在透明性中把握”感性——或感性世界的逻各斯——并**任其自如存在**（“倾听的眼睛”正是任其存在的眼睛），在一种从未完成的现象学还原之中重新给予它“所需要的共鸣”。作为“词语使人们看见”，语言实际上就是对感性所寓居的沉寂的共鸣，它从中汲取养分，所以它与后者的关系不是从外界进行的观察，也不可能割断自身在其中的牵涉，因为在梅洛－庞蒂看来，即使哲学语言也“不能消除它自身的偶然性，不能最终自

1　在关于保罗·克利的课程笔记中，梅洛－庞蒂一方面指出画家的“讽刺也可以看成一种哲学”（虽然未曾明说，这一观点在文中十分明显），同时也问道：“哲学对存在是否有支配权呢？”（M. 梅洛－庞蒂，《法兰西学院课程笔记（1958—1959 及 1960—1961）》，第 58 页）。

2　M. 梅洛－庞蒂，《可见的与不可见的》，第 138 页（中文版第 127 页）。

行消失，而显现出事物本身”[1]，因此称词语“使人们看见”，就是通过**创造**的作品、通过词语本身，从**内部协助**感性逻各斯的显现[2]，并且自身也作为感性逻各斯的一部分显现出来。

因此，在我们分析的课程笔记中，梅洛－庞蒂认为艺术与文学得以比哲学更早，也更好地表达出我们这个时代“人与存在的关系的转变”，那是因为，换句话说，在他看来，艺术与文学——比哲学更早也更好地——知道如何“从内部协助”感性的呈现，并任凭其“按照暗示或混杂的逻辑”存在[3]。其中所有与存在的关系都是同时的“把握与被把握”[4]，不能在这一逻辑之上强加上与其相对立的再现逻辑，后者在很大程度上还统治着当今的哲学思考。实际上，“概念”一词正是来自这种传统的再现式观看逻辑，也就是主体用思想来把握对自己面

1 M. 梅洛－庞蒂，《间接的言语和沉默的声音》（Le langage indirect et les voix de silence），收入《符号》，第 98 页（中文版第 96 页）。

2 从这一意义上讲，这种作品——梅洛－庞蒂在一则名为《哲学与文学》的笔记中这样写道——“因此是一种根本性（radical）的创作：是创造、同时也是和谐一致，是取得根本一致的唯一方式”（M. 梅洛－庞蒂，《可见的与不可见的》，第 251 页，中文版第 247 页）。对这样一种艺术创作观点与克利的“使人们看见”之间的共同点的论述，参见 C. 封塔纳，《现象描述分析学。保罗·克利与图文象形创作的秘密》，第 99 页起。

3 M. 梅洛－庞蒂，《法兰西学院 1952—1960 年课程概要》，第 71 页。

4 M. 梅洛－庞蒂，《可见的与不可见的》，第 319 页（中文版第 340 页）。在《可见的与不可见的》书中还有另一个经常出现的句子“观看者只有被可见者拥有，只有身处可见者之列，才能真正拥有可见者”（第 177-178 页，中文版第 166 页）。这句话似乎证明，对梅洛－庞蒂来说，问题不在于完全放弃拥有的愿望，而是要重新认识到这种拥有在本质上必然是相互的。

前对象的一般再现。

在《哲学家和他的影子》一文结尾，梅洛－庞蒂似乎将文艺复兴透视法（所谓的）正面再现原则视为“再现逻辑的代表”[1]，而将感性存在比作“巴洛克世界”（我们从中又能看到与克利的联系，参见德勒兹对巴洛克的论述）[2]，在这个世界中他看到了一种“构形意义”（sens de configuration），而这一点在所谓的“理性意义”——实际上也就是**世界论**（kosmothéorétique）——之中“不使我们形成其概念”[3]。

在《符号》中重新收录的题为《到处和无处》[4]的文章中，梅洛－庞蒂还补充道，我们的时代的“哲学问题”在于“扩展哲学的概念，令其能容纳一切”[5]，随后他又补充，在拯救“它的严肃性／严密性”[6]的同时放

1 见本书第 32 页注释 1。此外，我们必须牢记梅洛－庞蒂对文艺复兴透视法理论和笛卡尔的通用语言理论之间的比较（见第 58 页注释 1）。

2 德勒兹指出了克利与巴洛克精神的相通之处［G. 德勒兹，《褶子。莱布尼茨与巴洛克》（*Le pli. Leibniz et le baroque*），巴黎：Minuit，1988 年（中文版《福柯／褶子》，于奇智、杨洁译，湖南文艺出版社，2001 年，第 149-370 页）］。梅洛－庞蒂和德勒兹在对巴洛克艺术的思考上的联系，参见 P.Gambazzi，《褶子与思想：论梅洛－庞蒂的本体论思想》（*La piega e il pensiero. Sull'ontologia di Merleau-Ponty*），*autaut*，n°262-263，1994 年，第 21-47 页。而克里斯蒂娜·布奇－格鲁克斯曼则从她的角度提出了在梅洛－庞蒂后期思想中美学本体论（感性本体论，译者注）与巴洛克艺术的本体论美学之间的共同点并加以理论分析，见 C. 布奇－格鲁克斯曼，《视见的疯狂：论巴洛克美学》，尤其是第 73 页及第 85-86 页。

3 M. 梅洛－庞蒂，《符号》，第 228 页（中文版第 225 页）。

4 文章由六部分组成，包括引文及五个章节，收入《哲学名家集》（*Les philosophes célèbres*），梅洛－庞蒂主编，巴黎：Mazenod，1956 年。

5 M. 梅洛－庞蒂，《符号》，第 224 页（中文版第 221 页）。

6 M. 梅洛－庞蒂，《符号》，第 224 页（中文版第 221 页）。

弃“以理解力把握世界”[1]的企图。或许应该将概念的开放与对巴洛克式构形对感性的呈现联系起来——从这一角度来看，所有的占有都同时是一种被占有，而所有的感知都是任由存在。——这样，我们可以反对概念（Begriff）“理智地把握世界”的意图，并最终令概念表达出“我们的行动的消极性”，而在一则《可见的与不可见的》工作笔记中指出，“是哲学从未谈到的”[2]。

鉴于此，一位巴洛克理论专家曾指出，从拉丁语词源来看，“概念”（concept）一词的演变过程中的确包含着梅洛－庞蒂指出的这一方向。事实上，在德文 Begriff 一词中，理解的行为这层意义来自词根 greifen，即攫取（préhension），也就是抓住（saisie）的意思，而与此相反，在拉丁语 concept 一词中，理解的行为来自 cum-capio，即一种意味着“迎接、接受”（accueillir）的“把握”（prendre）[3]，这意味着一种“共同把握”、同时的把握和被把握。从这个意义上来看，理解并不意味着占有某物，而是从内部协助它的呈现。同样地，雅克·塔米尼奥（Jacques Taminiaux）在把康德哲学中的想象力

1　M. 梅洛－庞蒂，《符号》，第 224 页（中文版第 221 页）。

2　M. 梅洛－庞蒂，《可见的与不可见的》，第 319 页（中文版第 340 页）。

3　马里奥·佩尔尼奥拉（M.Perniola）为巴尔塔沙·葛拉西安（B.Gracián）的《敏锐与精神的艺术》（*Agudezay arte de ingenio*，1648）一书意大利译本所做“前言”，见 G.Poggi 译，巴勒莫：Aesthetica，1986 年，第 19 页。另可参见 C. 布奇－格鲁克斯曼在《视见的疯狂：论巴洛克美学》（第 85 页）中对梅洛－庞蒂和葛拉西安共同点的分析。

定义为审美理念的创造者时也使用了相似的表达："创造并非一种征服与支配（as-sujettir），而是同意与给予（consentir）。"[1]

1　J. 塔米尼奥，《判断力批判的内部张力》（Les tensions internes de la Critique du Jugement），收入《德国浪漫主义初期对希腊传统的缅怀：从席勒、荷尔德林到黑格尔笔下的康德与希腊》（*La nostalgie de la Grèce à l'aube de l'idéalisme allemand. Kant et les Grecs dans l'itinéraire de Schiller, de Hölderlin et de Hegel*），海牙：M.Nijhoff，1977 年，第 61 页。对这一问题的探讨，也可参见拙作《不可见的可见性：梅洛 – 庞蒂在塞尚与普鲁斯特之间》，第 151-170 页。

第四章　哲学家与导演：梅洛－庞蒂与面向电影的思考

不去解释，而是使人们看见：电影与哲学的历史共识

1948 年，梅洛－庞蒂将数年间写下的重要文章整理成文集《意义与无意义》并出版，内容共分三部分，分别题为《作品》、《观点》与《政治》。

这本书第一部分收录的是他在 1945 年至 1947 年发表的四篇与艺术相关的文章（包括讨论绘画的《塞尚的疑惑》，讨论电影的《电影与新心理学》，关于文学的《小说与形而上学》评论了西蒙娜·德·波伏娃的小说《女客》，以及为萨特辩护的文章《一位声名狼藉的作家》），梅洛－庞蒂在其中指出了这些艺术体验与他所说的"新心理学"——他将其等同于形式心理学（psychologie de la forme）——和当代哲学之间的深层一致性。

在梅洛－庞蒂看来，这种一致性突出表现在我们与世界、与他人的关系这两个主题之上。《电影与新心理学》[1]——梅洛－庞蒂 1945 年在巴黎高等电影研究院

1　M. 梅洛－庞蒂，《电影与新心理学》（Le cinéma et la nouvelle psychologie，1947），收入《意义与无意义》（*Sens et non-sens*），第 61-75 页。

（IDHEC，La Fémis 的前身）讲座的发言稿——主要讨论了第一个主题，他在文中指出，“传统心理学”认为我们的感性认识中处于第一位的是**感觉**（sensations），即由特定部位受到的刺激产生的**局部**（ponctuel）效果，而**随后**由理解力与记忆力负责把这些信息重新组合统为一体；相反地，“新心理学”证明，处于第一位的应该是**知觉**（perception），也就是对作为整体的现象的感性理解：

> 分析性知觉向我们提供了单独元素具有的绝对价值，因此体现了一种特殊的、后发的态度，代表着处于观察中的智者或思考中的哲学家；而形式知觉一般来说关注的则是结构、整体或构形，它应该被视为我们自发知觉的主要模式。[1]

在这一基础上，“新心理学”显示出知觉的**综合感觉**（synthétique）特征，而因此我们不应将知觉视为“零散的视觉、触觉和听觉信息的总和”，因为它“直接诉诸所有的感官”[2]。从更为普遍的意义上来说，梅洛-庞蒂指出，形式理论［格式塔理论（*Gestalttheorie*）］“坚决摒弃了感觉概念，指导我们不再去分辨符号与意

1 M. 梅洛-庞蒂，《电影与新心理学》，第 62-63 页。
2 M. 梅洛-庞蒂，《电影与新心理学》，第 63 页。

义、所感与所知”[1]。

而关于第二个主题，即我们与他人的关系，梅洛－庞蒂认为，“新心理学”也带来了对他人的知觉的“全新的概念”，不再依靠“对内部观察，即内省与外部观察之间的区分”[2]，也就是说，“放弃我们一直以来的信条，即爱、恨或愤怒都属于‘内部现实’，只有正在经历这些情感的本人才能体会”[3]。实际上，在他看来，“新心理学”证明了“愤怒、羞愧、仇恨和爱并不是藏匿在他人意识深处的心理活动，而是从外部可见的行为类型或举止风仪”[4]。

梅洛－庞蒂又指出，“电影美学家所做的一些精彩评注”[5]也与心理学的最新发现有着众多一致。为强调这些共同点，他提出把“电影视为感知的对象”[6]，也就是——恩佐·帕奇（Enzo Paci）在《意义与无意义》的意大利文译本前言中指出——“把电影作为一种运动中的形式（Gestalt）”[7]来看待。

对于这一问题，梅洛－庞蒂随后解释道：“电影并

1 M. 梅洛－庞蒂，《电影与新心理学》，第 64 页。
2 M. 梅洛－庞蒂，《电影与新心理学》，第 66 页。
3 M. 梅洛－庞蒂，《电影与新心理学》，第 67 页。
4 M. 梅洛－庞蒂，《电影与新心理学》，第 67 页。
5 M. 梅洛－庞蒂，《电影与新心理学》，第 68 页。
6 M. 梅洛－庞蒂，《电影与新心理学》，第 68 页。
7 E. 帕奇，《意义与无意义》导言，P.Caruso 译，米兰：Il Saggiatore，1962 年；米兰：Garzanti，1974 年再版，第 13 页。

不仅仅是一组图像，而是一个时间性的形式"[1]，这一形式最本质的特征是它的节奏，而在这一时间形式中，

> 一幅画面的意义取决于电影中在它之前和之后的画面，连续的画面创造出的是一个新的现实，而不是所有构成元素的简单叠加。[2]

为支撑这一定义，梅洛－庞蒂举了一个非常著名的电影片段，一段由费谢沃洛德·普多夫金（Vsevolod Pudovkin）创作、但早已遗失的电影片段，不过，实际上这段剪辑的真正作者是普多夫金的导师——与吉加·维尔托夫齐名的苏联电影奠基人列夫·库里肖夫（Lev Koulechov），在这个实验中，库里肖夫想要证明电影的主要表达手段，即蒙太奇的创造力。

> 一天，普多夫金选了一张著名演员莫兹尤辛面无表情的特写，把它与几张不同画面剪接在一起——首先是一碗粥，然后是棺材中躺着一个死去的年轻女孩，最后是一个正抱着毛绒小熊玩耍的孩子。我们首先感到莫兹尤辛似乎正注视着那碗粥、女孩和孩子，接着，我们觉察到他一脸沉思地看着那碗粥，面带痛苦地注视着女孩，当他看着正在玩耍的孩子时，脸上似乎浮现出一丝若有若无的微笑，

1　M. 梅洛－庞蒂，《意义与无意义》，第 69 页。
2　M. 梅洛－庞蒂，《意义与无意义》，第 69 页。

观众无不惊叹于他表情中传达出的丰富情感，而实际上，这只是重复使用了三次的同一张特写，在这张画面中他显然是面无表情的。[1]

皮埃尔·罗德里戈在对梅洛－庞蒂此文的精彩分析中，将这段引文称为“全篇讲座的论证核心”[2]，但十分可惜的是，罗德里戈指出，“将蒙太奇作为电影艺术的特殊性之所在”为这篇论证留下了“一个明显空缺：他对于图像**自身**的表意能力只字未提”[3]。在他看来，梅洛－庞蒂的论述重点在于把图像视为“**原子**，构成了蒙太奇所创造的意义，就如同传统语言学中**词语**是意义的原子”[4]。这就是为什么，他进一步指出，这一论证片面强调了苏联电影学派的观点，将蒙太奇视为核心，即认为意义在多个图像的组合中浮现，就像在一句话里，意义在词语**之间**（parmi）呈现。而罗德里戈认为，电影画面所蕴含的表达的丰富性尤其是从有声电影出现以来的

1　M. 梅洛－庞蒂，《意义与无意义》，第 69 页。

2　P. 罗德里戈，《梅洛－庞蒂，从电影到绘画：“言说意愿”与初级表达》（Merleau-Ponty. Du cinéma à la peinture：le «vouloir-dire» et l’expression élémentaire，2005），收入《创造意向性：现象学与美学问题》（*L’intentionnalité créatrice. Problèmes de phénoménologie et d’esthétique*），第 235-255 页。

3　P. 罗德里戈，《梅洛－庞蒂，从电影到绘画：“言说意愿”与初级表达》，第 250 页。

4　P. 罗德里戈，《梅洛－庞蒂，从电影到绘画：“言说意愿”与初级表达》，第 250 页。

发展来看，“更近似于一句话，而非一个词”[1]。

对于这个结论，我们无疑是完全赞同的。但是，梅洛－庞蒂在巴黎高等电影研究院讲座中阐述的观点似乎也有着充分的论据支持。

我们暂且将罗德里戈在书中提到的苏联无声电影对蒙太奇的推崇和与之对立的安德烈·巴赞（André Bazin）——《电影手册》杂志创始人，也是法国电影**新浪潮**的教父——对长镜头（plan-séquence）的强调之间的长久争论[2]暂置一旁。我们必须首先看到，这种对蒙太奇的推崇对应了梅洛－庞蒂此次讲座的中心论点，即讲座第二部分开头指出的：“我们刚刚对一般知觉所做的论述全部可以应用于对电影的知觉”[3]，从而把论述重点从对“新心理学”的反思转移到电影之上。诚然，这第二部分的论述绝不仅限于把第一部分得出的心理学原则应用于“电影知觉之上”，相反地，借助对电影的思考，它反过来改变了“此前所做的所有论断”[4]。不过，电影蒙太奇也的确是阐释**格式塔心理学**的理论创新的极佳例证，在讲座开头梅洛－庞蒂就指出：“我们的知觉中首先出现并处于首位的，并不是并置的单独元素，而

1　P. 罗德里戈，《梅洛－庞蒂，从电影到绘画：“言说意愿”与初级表达》，第 252 页。

2　P. 罗德里戈，《梅洛－庞蒂，从电影到绘画：“言说意愿”与初级表达》。

3　M. 梅洛－庞蒂，《意义与无意义》，第 68 页。

4　参见 J-P. 沙科塞，《梅洛－庞蒂：现象学研究》（*Merleau-Ponty. Approches phénoménologiques*），巴黎：Hachette，1981 年，第 23 页。

是整体。”[1]

此外，在提出知觉的这一特征之后，梅洛－庞蒂随即列出众多例证，不只是视觉方面的，还有听觉方面的例子，而他对音乐旋律的论述不仅联系到格式塔理论，还体现了柏格森的观点[2]：

> 旋律并不是一堆音符的总和：每个音符只有在整体中才有意义……。对整体的感知比对单独音符的感知要更为自然和原始。[3]

梅洛－庞蒂对库里肖夫实验的分析正关联了音乐旋律的例子。实际上，他在论述中强调了这一现象“确凿地证明了电影是**旋律性**（mélodique）的整体”[4]，并以此说明电影与音乐旋律一样，是一种“时间性的形式”[5]。

因此，笔者与罗德里戈观点的不同之处就在于，在我看来，梅洛－庞蒂对库里肖夫实验的分析并不是要把电影画面比作语句中的单字原子，而是将其视为**一段旋律中包含的单个音符**。尽管这种说法似乎将问题抽象化

1　M. 梅洛－庞蒂，《意义与无意义》，第 61 页。

2　参见 J-P. 萨特，《对一种国际艺术的辩护和说明》（Défense et illustration d'un Art international，1924 / 1925 年），《青年时期文集》（*Écrits de jeunesse*），M. Contat 和 M.Rybalka 整理编辑，巴黎：Gallimard，1990 年，第 390 页：“我们可以（在对电影的论述中）应用柏格森对音乐的分析。”

3　M. 梅洛－庞蒂，《意义与无意义》，第 62 页。

4　M. 梅洛－庞蒂，《意义与无意义》，第 69 页。

5　M. 梅洛－庞蒂，《意义与无意义》，第 69 页。

了。此外，在《追忆似水年华（1）：在斯万家那边》中，普鲁斯特的主人公斯万也曾有过这样的感受，梅洛－庞蒂在《知觉现象学》中已经对此做出分析[1]，这部书的出版与 IDHEC 讲座恰好在同一年。在小说中，普鲁斯特写道：

> 自从上次在维尔迪兰家那次晚会上请人把那乐句再奏一遍以后，他（斯万）竭力想弄清这乐句是怎样像一股清香、一次搂抱那样迷惑他，缠绕他的，他终于意识到那收缩了的、冷冰冰的甘美之感得之于组成这乐句的那五个间距很小而其中两个又不断重复的音符；可事实上他很清楚自己这番推理并不是从这小乐句本身得来，这是他对在首次听到奏鸣曲的那个晚会上、在认识维尔迪兰夫妇以前自己所感受到的神秘的存在的体会，是以他能力所及的程度进行的简单化的理解。[2]

所以，就像斯万一样，梅洛－庞蒂清楚地知道，如果将这一段整体表达——对斯万来说是一小段乐句、一段电影段落——的“形式”（*Gestalt*）分解开来研究其中每一个单独的组成元素，我们永远也无法搞清楚它的

1　M. 梅洛－庞蒂，《知觉现象学》，第 253-254 页（中文版第 280-281 页）。

2　M. 普鲁斯特，《追忆似水年华（1）：在斯万家那边》（*Du coté de chez Swann. À la recherche du temps perdu*），J-Y.Tadié 主编，“七星文库”丛书，巴黎：Gallimard，1987 年。Vol. Ⅰ，第 343 页。（中文版《追忆似水年华（1）：在斯万家那边》，李恒基、徐继曾译，江苏：译林出版社，1990 年再版，第 346 页）。

意义究竟是如何产生的。实际上，正如我们在《讲座》中读到的，“分析性知觉向我们提供了单独元素具有的绝对价值，因此体现了一种特殊的、后发的态度，代表着处于观察中的智者或思考中的哲学家的态度”[1]，我们自然可以补充，这也是美学专家或电影专家的态度。正是这一原因，梅洛－庞蒂在思考库勒肖夫效应时，着重强调的是“形式知觉一般来说关注的则是结构、整体或组成，它应该被视为我们自发知觉的主要模式”[2]。

这句话也同时间接地将电影从柏格森所下的沉重判语之下解放了出来——在电影诞生还不到十年之际，柏格森在《创造进化论》第四章中做出了那句著名的审判。他在论述中将知觉与电影机制进行比较，但以此否定了我们从两者之中可以得到对变化的认识：

> 这就是电影技术的人为手段。而这同样也是知觉的运作机制。我们并非从事物的内部揭示其变化，而是置身于事物之外，以人为的方式重新组织和呈现这一变化。我们抓取一连串瞬间快照，并假装那就是不断流逝的现实，而正因为它们都反映了这一现实的部分特征，我们只须用隐藏在认识工具深处的一种抽象、匀速、不可见的运动把它们串联起来，就可以模拟出这种变化的本质特征。一般说来，知觉、智力和语言基本上都是这样运作的。但不管是

1 M. 梅洛－庞蒂，《意义与无意义》，第 62-63 页。
2 M. 梅洛－庞蒂，《意义与无意义》，第 63 页。

思考变化本身，还是用语言表达变化，我们所做的都近似于一种内部的电影。综上所述，我们可以说，**一般知性的运作机制从本质上来说是电影式的**。[1]

从字面意思来看，最后一句结论与梅洛－庞蒂的讲座内容不谋而合，因为梅洛－庞蒂也强调“我们也可以将以上所有关于一般知觉的论述用到电影身上”。但显然，梅洛－庞蒂虽得出了与柏格森相似的结论，但前提却与之**完全相反**：我们的自发知觉并非分析式的，而是综合（synthétique）的，也**正是因此**我们可以说它本质上是电影式的。实际上，在它的综合特征中起作用的各变量向我们的知觉呈现了一个整体的形式或者电影的段落：它并非如柏格森所说的那样是“人为虚构的”，它构成了知觉的根本方式。

鉴于此，我们就能够更好地理解为什么梅洛－庞蒂的讲座并不关注罗德里戈在文章中提到的“图像**本身**的指意能力”。实际上，过于强调这一点会令我们忽视电影表达的**真正独特之处**，并非蒙太奇手段，蒙太奇只能算是它的结果，这就是电影作为一种“时间性的形式”。而梅洛－庞蒂对库里肖夫实验的分析正是着眼于这一特点；这就是为什么他避而不谈“图像本身”，因为这样

1 H. 柏格森，《创造进化论》（*L'Évolution créatrice*，1907），“四马二轮战车”丛书（*Quadrige*），巴黎：PUF，2007，第 305 页（中文版肖聿译，南京：译林出版社，2011 年，第 285-286 页）。

恰恰会像罗德里戈批评的那样，将图像简化成一种“原子式的”元素。

但是，梅洛–庞蒂对电影的描述并不意味着他忽视了对图像的思考，他强调“每一幅画面的持续时间”[1]在电影中起到的关键作用，提醒我们“对话与沉默的间隔设计正是为了使画面的效果达到最大化”[2]，简言之，就是莫里斯·儒贝尔（Maurice Jaubert）所说的：强调“图像的内部节奏”[3]。

实际上，让–皮埃尔·沙科塞（Jean-Pierre Charcosset）指出，根据这种对电影的理解，

> 对图像的感知……取决于知觉对图像所属的整体段落的感知。正是因此，相同的一幅画面由于前后相连的镜头的变化而带给人完全不同的观感。但这一**形式**（Gestalt）是时间性的，不仅在于放映本身“需要时间”，更是因为每个镜头都会根据时长不同而呈现不同的意义。由此得出第一个结论：电影的意义更多地取决于图像的**节奏**，而非影片的构成画面本身。[4]

而这一结论又引申出另一层意义：这就是在电影显而易见的现实主义外观下隐藏的虚构特征。梅洛–庞蒂

1 M. 梅洛–庞蒂，《意义与无意义》，第 69 页。
2 M. 梅洛–庞蒂，《意义与无意义》，第 71 页。
3 M. 梅洛–庞蒂，《意义与无意义》，第 72 页。
4 J-P. 沙科塞，《梅洛–庞蒂：现象学研究》，第 22 页。

指出："造成这种模糊性的，实际上是电影的本质现实性，不过，这并不意味着电影为我们展现的就是我们若身处此情此景必然会看到和听到的现实。"[1] 而对电影的这种明确的虚构性和现实性的思考都来自康德美学的视角。尤其涉及康德在《判断力批判》第 49 节中对"审美观念"（或感性观念）的定义：审美观念产生于艺术家的想象力，体现在他所创作的艺术作品的美之中，它"引起很多思考"[2]，却既不能完全被理解也无法以任何概念来表达。而在电影中，梅洛－庞蒂认为，这意味着"电影的意义寓于它的节奏之中，就如同手势的意义总是在做出的同时即刻被领会，电影所表达的别无他物，就是它本身。在这里理念被还原为它的初生状态"[3]，也就是说，以未经概念化的形式表达出来。因此理念就与其感性显现不可分割：

> 它从电影的时间结构中浮现出来，就如同一幅画的意义从画的各个局部的共存中得到展现。……电影的意义就如同我们前面说的事物的意义，它们并非诉诸分别的知性领悟力，而是诉诸我们在整体上对世界与人类的理解，并促成我们与它们的友好共存。[4]

1　M. 梅洛－庞蒂，《意义与无意义》，第 72 页。

2　康德，《判断力批判》（1790），§49（中文版邓晓芒译，北京：人民出版社，2019 年，第 158 页）。

3　M. 梅洛－庞蒂，《意义与无意义》，第 73 页。

4　M. 梅洛－庞蒂，《意义与无意义》，第 73 页。

自此论述又回到了梅洛－庞蒂所坚持的“新心理学”与当代某些哲学与艺术潮流的共同点：它们共同的目标就是**重新教会我们看世界**，这也是胡塞尔为现象学设定的方向，梅洛－庞蒂此前也引用了这句话作为“新心理学”的目标：“它教会我们重新审视这个我们以自身存在的所有侧面与其相触的世界。”[1] 而胡塞尔的这句话也令我们随之想到普鲁斯特的文学作品或保罗·克利的画作。实际上，《追忆似水年华（1）：在斯万家那边》中普鲁斯特在描述维尔迪兰家听到的奏鸣曲“小乐句”时写道：“这个小乐句试图模仿、试图再创造的是内心哀伤的魅力，而且要再现这种魅力的精髓；除了亲身感受这种魅力的人，任何其他人都认为它是不能传达，也是毫无价值的；这个小乐句却抓住了它的精髓，**使它成为可见的**。”[2] 克利也以同样的表达作为《创作者的信条》（*Crédo du créateur*）的开篇：“艺术并不复制可见之物；它使人们看见。”而梅洛－庞蒂则从他的角度提出了一种全新的哲学，在《电影与新心理学》讲座中他循序渐进地展开了观点，这与我们在本书前一章看到的他在后期《可见的与不可见的》工作笔记中的思考一脉相承：

1 M. 梅洛－庞蒂，《意义与无意义》，第 68 页。

2 M. 普鲁斯特，《追忆似水年华（1）：在斯万家那边》，第 343 页（中文版第 346 页）。

> 现象学哲学或者说存在主义哲学的主要目标就是揭示在我与世界、我与他者之间的本质一致性，向我们描述这一矛盾与混杂，让我们看到**主体**与世界、主体与他者之间的联系，而不是像古典哲学那样，借助绝对精神来对其进行**解释**。[1]

我们在前面已经说过，梅洛－庞蒂的这次讲座共分两部分，一部分关于新心理学，另一部分关于电影，两部分在文稿中截然分开。而在第二部分末尾还有一段空白，似乎作为第二部分论述与全篇结论之间的分水岭，而上面这句引文就出现在空白之前。这句结语改变了讲座的整体格局，在前一部分平分秋色的两个关键概念之间引入了第三个主角，一个此前仅作为旁观者的因素：这就是哲学。更确切地说，进入我们视野的是“当代哲学”[2]，这是因为它与“新心理学”与电影之间始终保持着自发而又特殊的共鸣——这一点又反过来说明，尽管这次讲座中从未提及柏格森哲学，但似乎正是他的观点启发了梅洛－庞蒂选择这样一个特殊的主题，向未来的电影导演们介绍“现代心理学”[3]的研究成果、并据此驳回柏格森此前对电影做出的负面评价。

“当代哲学”——梅洛－庞蒂用了单称，即特指他

1 M. 梅洛－庞蒂，《意义与无意义》，第 74 页。
2 M. 梅洛－庞蒂，《意义与无意义》，第 74 页。
3 M. 梅洛－庞蒂，《意义与无意义》，第 63 页。

所致力的哲学——在“新心理学”和电影的动机、目标和研究风格中发现了许多共鸣；尤其是在后者身上，他解释道，因为当代哲学“并非概念的串联，而是意图描述意识与世界的交融，它嵌于身体之中的存在以及它与他者的共存，而这对电影来说无疑是绝佳的主题”。[1]

1964 年，克里斯蒂安·麦茨在一篇文章中追溯了这篇讲座并对这些术语做出了评论：

> 在梅洛－庞蒂的《电影与新心理学》讲座之后，人们开始越来越多地从“现象学”角度对电影进行定义或探讨：电影中的一个段落，如同一场正在上演的生活，它的意义就在其本身，其中的能指很难与所指区分开来。……这就产生了一种全新的布局（agencement）观念。电影，“现象学”艺术的最佳代表，能指与所指一体共生，这场演出表现的就是它本身，就这样形成了符号的自身闭合之环……[2]

接下来，麦茨列出了一长串受这一理论影响的学者名单：

1　M. 梅洛－庞蒂，《意义与无意义》，第 75 页。

2　C. 麦茨，《电影，语汇还是语言？》（Le cinéma：langue ou langage?），收入《论电影的意义》（*Essais sur la signification au cinéma*），巴黎：Klincksieck，第一卷，1968 年，1978 年第四次再版，第 50 页。在此我要感谢安娜·卡特里娜·达尔马索（Anna Caterina Dalmasso）向我指出这段引文。

> 名单（大体上）如下——埃蒂安·苏里奥、马克·索里亚诺、拉乌尔·布朗夏、加布里埃尔·马塞尔、吉贝尔·科恩–希亚、安德烈·巴赞、M. 马丁、阿梅蒂·艾弗里、G.A. 阿斯特、阿尔芒·让·寇里耶、B. 多尔、罗歇·瓦扬、D. 马里昂、阿兰–罗伯·格里耶、比安卡和勒内·扎泽夫妇以及许多其他人……。但或许，我们在这条路上走得太远了：因为归根结底，电影并不是生活本身，而只是一部设计好的表演。但让我们暂时将这一问题存疑，仅专注于各家电影理论在其整体历史演进中的汇合。

从克里斯蒂安·麦茨的观点中我们不难看出梅洛–庞蒂的讲座的深远影响，以及这一时期涌现的法国新浪潮电影的诸多特征。因此，我们也毫不意外地在一位新浪潮代表人物的作品中发现了梅洛–庞蒂的句子，他所引用的，正是梅洛–庞蒂在讲座中指出并由麦茨在二十几年之后重新阐释的这一“汇合”：

> 哲学家与导演都有着一种特殊的存在方式，一种特殊的看待世界的方式，反映出同时代人的共性。

这句话出现在让–吕克·戈达尔（Jean-Luc Godard）1966 年导演的电影《男性 / 女性》中[1]。同年，法国

1 引自 S. 克里斯滕森（Stephan Kristensen），《莫里斯·梅洛–庞蒂，运动的美学》（Maurice Merleau-Ponty，une esthétique du mouvement），收入《哲学档案》（*Archives de Philosophie*）第 69 期，2006 年，137 页注释 31。

影坛还出品了另一部电影，罗伯特·布列松（Robert Bresson）的《驴子巴特萨》（*Au Hasard, Balthazar*）。影片上映时，戈达尔在第177期《电影手册》发表了一篇名为《巴特萨的遗嘱》的文章，文章由戈达尔本人和梅洛–庞蒂的“语录”汇集而成[1]，表达了对时间、相异性、死亡、我思和自由问题的思考，并将这些观点赋予了布列松电影的主人公——无辜淳朴的驴子巴尔扎哈。在其中我们不难辨认出《知觉现象学》中的句子，这正是梅洛–庞蒂在巴黎高等电影学院讲座同期出版的另一部著作，只不过在《巴特萨的遗嘱》这篇文章出版之际，梅洛–庞蒂已逝世五年之久。

电影中的运动问题

但还是让我们回到令戈达尔产生极大兴趣的那句话，梅洛–庞蒂关于哲学家与电影导演之间共有的当代性论述，并以此为契机对梅洛–庞蒂的电影观进行深入阐发。

梅洛–庞蒂在写下这句话十五年之后，才对这一时代同源性做了进一步阐发，这句谨慎而又稍显狭窄的断言因此获得了新的本体论意义：相关论述出现在梅洛–庞蒂为“笛卡尔本体论与当今本体论”课程所做的备课

1　M. 梅洛–庞蒂与J.-L. 戈达尔（语录），《巴特萨的遗嘱》（Le testament de Balthazar），《电影手册》（*Cahiers du cinéma*），第177期，1966年，第58-59页。在此要感谢西蒙尼·弗朗吉（Simone Frangi）向我提及这篇文章。

笔记中。虽然这个思考由于他的突然离世而未及完成，他在备课笔记中已指出课程题目的意义：

> 并不是一般意义上的哲学史论述，原有的思想指的是：在当代的思想框架和界域中思考此前的思想——而它们的提出正是为了让我们理解当今的思想——目的：当代本体论——从它出发，追溯笛卡尔与笛卡尔主义思想，再反过来探讨今日哲学的可能。[1]

实际上这一课程试图从哲学角度阐述当代本体论，阐述“一种自发的哲学，根本性的思想”[2]，迄今为止不仅在“文学领域”得到了表达——我们此前已进行过探讨——也在各类艺术中有所体现，他特别在括号中列举了（绘画—电影）[3]，并在后面两行加上了：“安德烈·巴赞，电影本体论”[4]，最后又在下面特别指出：

1 M. 梅洛 - 庞蒂，《法兰西学院课程笔记（1958—1959 及 1960—1961）》，第 390-391 页。

2 M. 梅洛 - 庞蒂，《法兰西学院课程笔记（1958—1959 及 1960—1961）》，第 390-391 页。“根本性的思想”这一表达指的是一种“自发的哲学”“未思（Ungedachte）的思想”，在其中起作用的正是人与大写的存在之间的关系，然而传统的哲学思考尚未对这一点真正做出反思。

3 M. 梅洛 - 庞蒂，《法兰西学院课程笔记（1958—1959 及 1960—1961）》，第 390-391 页。

4 M. 梅洛 - 庞蒂，《法兰西学院课程笔记（1958—1959 及 1960—1961）》，第 390-391 页。

在各类艺术中

电影，电影本体论——例，电影中的运动问题[1]

这些笔记令我们看到电影创作发掘的体验与反思跟当代绘画和文学表达的趋势有着众多共同之处，在这个课程中，梅洛－庞蒂正是通过对“新本体论”的思考来对其进行“哲学表述”[2]。从引文中我们可以看到，他把“电影中的运动问题”作为**例证**（exemplum）为的就是指出这一发展方向。因此毫不意外（并且更为有趣），我们可以从梅洛－庞蒂后期思想中发现另外两条线索，同样是对电影的反思，关注的正是同一个问题。

其中一条线索出现在《可见的与不可见的》附录中，它本是原文正文的内容，但梅洛－庞蒂最终决定用后面的一章取而代之，因此克劳德·勒福日后将笔记辑录出版时将这一部分收入了《附录》。我引用的这几行笔记原本被圈注起来，其中前几行反驳了柏格森对电影的批判：

不连贯的电影画面并不能证明运动现象的本质，也就是观众之所以能看到连续画面的原因，——此外，也并不

1 M. 梅洛－庞蒂，《法兰西学院课程笔记（1958—1959 及 1960—1961）》，关于首次将电影的诞生与哲学传统中对运动的思考联系起来进行的论述，参见 P. 蒙特拜罗，《德勒兹：哲学与电影》（*Deleuze, phiolosophie et cinéma*），巴黎：Vrin，2008 年，第 11-16 页。

2 P. 蒙特拜罗，《德勒兹：哲学与电影》，第 166 页。

能证明我们所生活体验的世界是由无运动物体的运动（des mouvements sans mobil）构成的：运动物体也完全可能是知觉者的投射。[1]

另外一处关于电影的论述出现在《眼与心》中，梅洛－庞蒂对不同艺术门类对运动的不同表达方式做出了比较，他这样写道：

> 马雷的连续摄影、立体主义的分解画、杜尚的《新娘》都是一动不动的：它们呈现的是一种芝诺式的运动的幻觉。我们看到像甲胄一样的一个僵硬的身体，舞动着它的各个关节，像变魔术一般时而在这里，时而在那里，但它并没有从这里**走到**那里。电影向我们呈现运动，**但它是如何呈现的呢**？是不是像我们相信的那样，靠忠实地复制空间位置的变化呢？我们可以推测，事实并非如此，因为电影中的慢镜头呈现的仅仅是一具漂浮在物体之间的躯体，海藻一般漂浮着，自身却**一动不动**。[2]

梅洛－庞蒂以这个例子说明了电影的现实主义特征本质上的非模仿性（non mimétique）——显然是本体论范畴的论断——然而却并未举出具体的电影实例。

同样是对两者共同点的讨论，梅洛－庞蒂在法兰

1 M. 梅洛－庞蒂，《可见的与不可见的》，第 208 页（中文版第 195 页）。
2 M. 梅洛－庞蒂，《眼与心》，第 78 页（中文版第 82 页）。

西学院的首节课程——也就是他在1952—1953年命名为《感性世界与表达世界》(*Le monde sensible et le monde de l'expression*)——的概述中用了更多的篇幅来探讨"关于绘画与电影艺术对运动的应用"[1]。这节课的备课笔记尚未发表，但已经由艾曼努埃尔·德·圣欧贝尔(Emmanuel de Saint Aubert)[2]和斯蒂芬·克里斯滕森[3]整理编辑成册，在这里我也感谢他们在笔记尚未出版之时慷慨地为我寄来一份初稿[4]。

1 M. 梅洛－庞蒂,《课程概述》，第19页。

2 圣欧贝尔在他的《莫里斯·梅洛－庞蒂哲学中的意识与表达》(Conscience et expression chez Maurice Merleau-Ponty)一文中对手稿内容做了介绍，文章发表于*Chiasmi international*，第十期，2008年，第85-106页。他在文中指出，这份资料在梅洛－庞蒂哲学思想的演变中起到了至关重要的作用。它先与《文学语言的使用研究》(*Recherches sur l'usage littéraire du langage*)一道构成了梅洛－庞蒂在法兰西学院的首次课程：梅洛－庞蒂为这期课程做了十分详尽的准备，所写的笔记相当于一本130页左右的出版物。而且写下笔记的时期也非常重要：笔记写于1953年初，也就是说，继1945年博士论文发表，最明显的存在主义时期(1945—1949)和他在索邦大学任教的三年(1950—1952)之后。这后两段时期是肉身概念出现和表达主题逐步浮现的时期，我们可以在他为1949年初墨西哥会议所作的(未发表的)备讲稿，以及两年之后题为《人和厄运》的研讨会的演讲稿，还有对极为重要的《世界的散文》一书手稿的重新修改中清楚看到这一发展。而从课程的标题本身出发,《感性世界与表达世界》在梅洛－庞蒂的主要著作《知觉现象学》所探讨的知觉主题和后期的表达主题之间架起了沟通的桥梁。

3 克里斯滕森在他所写的《莫里斯·梅洛－庞蒂，一种运动美学》(第123-146页)一文中也讨论了这一手稿，他在文中尤其指出，通过对课程笔记的研究，他的文章力图论述"梅洛－庞蒂对运动的现象学思考，及其与电影的联系"，从而"揭示出让－吕克·戈达尔与现象学的联系，并比照德勒兹的电影哲学思想进行探讨"(第123页)。而鉴于圣欧贝尔和克里斯滕森的研究，作者在引用《感性世界与表达世界》手稿时将缩写为MSME并随后注明页码。

4 在本书发表之后,《感性世界与表达世界》一书已于2011年出版(*Le monde sensible et le monde de l'expression*，巴黎：Metis Press，2011年)。因所引用版本为初稿，作者此处引用页码(MSME + 页码)与此书最终版稍有出入。——译者注

从梅洛－庞蒂在这一阶段的思考中，我们可以看到——至少能够根据理论的确切走向推断出——梅洛－庞蒂本应在他最后阶段的思考中、从他未及完成的著述中发展出一套对电影本体论的思考。同时，《感性世界与表达世界》备课笔记也证实了此前的推测——梅洛－庞蒂在巴黎电影高等学院所做的讲座的确暗中回应了柏格森对电影所做的批判。实际上，和《电影与新心理学》一样，他在笔记中从**格式塔心理学**角度探讨了知觉问题，只不过这一次这一论据被直接用来反驳柏格森对电影的批评。

此外，这门课的《课程概述》已经体现出梅洛－庞蒂通过对格式塔理论研究的借鉴来反驳柏格森在运动方面的观点，这一对立有效地解释了前面从《可见的与不可见的》手稿中被删除的一章中引用的句子。实际上，他曾在《课程概述》中做出如下解释：

> 运动作为位置的变化或一个"运动物体"与其参照物的关系的变化，是一种回顾式的图式，是对我们在运动中的身体体验总结式的表述。如果切断运动本身与原初知觉之间的联系，它就会像芝诺描述的那样，成为不可再现之物而自行瓦解。但若要真正理解运动，仅像柏格森所说的那样回到对运动的内部体验，即我们自身的运动，是远远不够的：必须理解我们的姿势是如何整体地、即刻地在外在表象中表现并传达出来，这在客观性思考（pensée

objective）的角度来看显然是不现实的。[1]

正是在这一问题上梅洛－庞蒂再次借助于“格式塔理论研究”[2]。正如我们前面所说，也正是在这一问题上，即在同一篇备课笔记中，他借助格式塔理论代表人物马克思·韦特海墨（Max Wertheimer）关于频闪运动的研究，提出了对柏格森电影理论的批评。所谓频闪运动，即快速连续的图像叠加形成了同一背景上图形运动的假象，并由此令我们看到完整的电影段落。但应该注意：对梅洛－庞蒂来说，这种体验并不是对“无运动物体的运动”的假设。“无运动物体的运动”这个说法，虽然在《可见的与不可见的》附录中关于电影的短句中被删掉，但曾在1952—1953年课程笔记中多次出现[3]，并且正是对韦特海墨理论的介绍。以《知觉现象学》中的观点作为依据，梅洛－庞蒂指出，这一说法其实站不住脚，并且有可能将运动再次归结为不可表述的概念，因为无论如何，“运动始终与处于运动状态的同一物体相关联”[4]。因此，梅洛－庞蒂在笔记中提出了与韦特海

1　M. 梅洛－庞蒂，《课程概述》，第13页。

2　M. 梅洛－庞蒂，《课程概述》，第13页。

3　M. 梅洛－庞蒂，MSME，39，40，61，66，150。

4　M. 梅洛－庞蒂，《知觉现象学》，第313页（中文版第344页）。而在该书第317页（中文版第349页），梅洛－庞蒂再次提到了韦特海墨的理论：“心理学家正是要把我们带到这一现象层面。我们不能说它本身是非理性的或反逻辑的。只有无运动物体的运动是这样的。”

墨同时也与柏格森的观点相对立的“身体感知理论”[1]。这一理论将证明由“电影的不连续画面”所产生的“运动现象的真实”，向我们揭示出——如《可见的与不可见的》附录中的引文所说——“运动也完全可能是知觉者的投射”。此外，这句话的主观论语气，也充分解释了梅洛－庞蒂为何选择将这一章从书中删去不予发表。但这句话的重点在于强调，通过身体性的联系，运动**同时存在于我们体验的内部和外部**。出于同样目的，在1952—1953年课程笔记中，梅洛－庞蒂使用了“形象化”（figural）概念来描述一个背景上的形象在我们的**知觉中**不可分割的特点，而不是像**格式塔心理学**所声称的那样，**仅仅是在一个背景之上的形象**。简言之，他用这个概念来强调对运动的体验在本质上的统一性，在他看来，“格式塔理论将形象化的瞬间看作客观条件，一种由各因果律决定的以第三人称出现的组构过程”[2]。

克里斯滕森在解释他整理的这段笔记时说道，在梅洛－庞蒂看来：

> 频闪运动的结构也正是我们“自然知觉”的结构。……我们的视觉感知的作用方式与电影技术手段对运

1 M. 梅洛－庞蒂，MSME，60，克里斯滕森在《莫里斯·梅洛－庞蒂，一种运动美学》第128页中提到，梅洛－庞蒂承认“柏格森思想中隐含着身体的存在，但由于缺乏一种‘身体感知理论’，他忽略了‘现象领域’的运动问题，因而将现实生活时间中可分割的绵延与意识所特有的绵延等同了起来”。

2 M. 梅洛－庞蒂，MSME，70。

> 动的呈现有着本质相似性，为证明这一结论，他明确谈到了电影（MSME，65）。针对柏格森在《创造进化论》第四章开头提出的著名电影观点，梅洛－庞蒂写道，电影装置呈现的绝非“幻象”（同上）；应该承认……我们的身体……根据自身特有的结构而赋予了被感知物体特定的形式。[1]

为支持自己的观点，梅洛－庞蒂举了一部电影作为例证，这也是他在课程笔记中提到的为数不多的例子之一，并特别提到了其中的一个段落：这就是让·维果（Jean Vigo）的代表作《操行零分》（*Zéro de conduite*）中以慢镜头拍摄的男孩们晚上在中学宿舍里的“叛乱”，这部电影在 1933 年摄制完成后被当时的审查机构禁播，直到 1945 年才解禁得以上映，随即成了公认的经典之作，尤其为法国电影**新浪潮**一派所推崇[2]。乔治·萨杜尔（George Sadoul）指出，这一段落的“突出特点即在于它的音乐，以及令画面之间产生和谐感的大面积白色元素”[3]，也就是指慢镜头所展现的穿着白色睡袍的中学生们划开枕头，在漫天飘洒的白色羽毛间跳跃着穿过寝室的情景。而梅洛－庞蒂对这一段落的介绍和描述都围绕着一个在一旁用括号注明的关键性的名字：莫里斯·儒

1 S. 克里斯滕森，《莫里斯·梅洛－庞蒂，一种运动美学》，第 129 页。

2 S. 克里斯滕森，《莫里斯·梅洛－庞蒂，一种运动美学》，第 136 页注释 27。

3 G. 萨杜尔，《电影辞典》（*Dictionnaire des Films*，1965），由 É. Breton 编辑再版，巴黎：Seuil，1976 年，第 278 页。

贝尔（Maurice Jaubert），他是二战之前法国电影配乐领域最著名的作曲家，梅洛－庞蒂在《电影与新心理学》讲座中谈到“音乐在电影中的作用”时也曾提到他的名字[1]。《操行零分》的电影配乐是由儒贝尔所做，他本人对梅洛－庞蒂提到的这一段落也做出了解释：

> 作曲家的任务是为孩子们晚上的一次游行抗议配上背景音乐（这个段落事实上有着非常灵异的氛围，而且整个是以慢镜头拍摄的）。为了创造一种非真实的音乐效果，在旋律主体定稿后，他又把旋律倒过来进行改写，从最后一个音符退回到第一个音符。以这种形式重新录制出来的旋律隐隐地与主旋律相互呼应，但又让人听不出直接联系。而当我们把这段倒置的音乐用到影片中，就能够再次体会到原始旋律的轮廓，只是以一种完全倒转的方式“发散”出来，因此令这段以机械手段营造的画面蒙上了一层神秘色彩。[2]

梅洛－庞蒂在笔记中提到的正是这一段同时倒置原始音乐并使用慢镜头拍摄的电影片段。而他的分析似乎也与儒贝尔的解释相互印证，两人都强调了这段影片在观众面前唤起的“非真实的效果”（MSME，87）、“奇异性［？］”（MSME，81）。如此我们就理解了为什么梅

1　M. 梅洛－庞蒂，《意义与无意义》，第 71 页。
2　引自 G. 萨杜尔，《电影辞典》，第 561 页。

洛－庞蒂对这段影片情有独钟。实际上，他在其中看到了对日常知觉方式和电影知觉习惯中存在的**共同逻辑**的反证，柏格森认为电影正是以此炮制出日常生活现实的幻象，而在梅洛－庞蒂看来恰恰相反：《操行零分》中的这个场景通过使用慢镜头画面和反转的音乐正是在**试图摆脱“知觉的逻辑”**[1]，通过这一手段营造**非现实化**（déréalisation）效果。这就是为什么梅洛－庞蒂在《课程概述》中写道：

> 一支管乐器所发出的声音不可避免地带有吹奏者气息和节奏上的特征，假使我们把一段正常录制的音乐倒过来播放，就能清楚地听到其中的奇异感，此一为证。这并不是简单的“转移”，这种运动铭刻于整体的形象和特征之中，就像是它们的存在的揭示者。[2]

不仅如此，在观看这段影片时，我们也确凿地感到，八年后梅洛－庞蒂在《眼与心》中谈到电影对运动的表现时（见前文引文），提到的正是同一个例子，他以颇为神秘的方式指出：“慢镜头呈现的仅仅是一具漂浮在物体之间的躯体，海藻一般漂浮着，本身却**一动不**

1　梅洛－庞蒂在课程笔记中标注了“知觉的逻辑（logos perceptive）因此——（身体）”（MSME，80）。

2　M. 梅洛－庞蒂，《课程概述》，第 15 页。

动。”[1]在这段影片中，我们确凿地看到了这具如海藻般漂浮着的身体，它在空中轻盈地跳跃着，仿佛它自己也是一片飘飞的羽毛。又或者，是一位比尔·维奥拉的天使[2]。

通过上文对影片以及文本的分析，我们可以更清楚地看到《眼与心》中这句话的立场，它并非在否认电影中呈现的运动感知，而是批评了这样一种观点：我们知觉中对运动的再现越是接近真实的运动，我们就能从中得到越多的真实感。现实中与此全然相反，这样的知觉只会扭曲我们的感知逻辑，也就是我们的身

---

1 M. 梅洛 – 庞蒂，《眼与心》，第 78 页（中文版第 82 页）。2008—2009 年，我在米兰大学开设的“二十世纪美学”课程期间，安娜 – 卡特里娜·达尔马索在《梅洛 – 庞蒂对电影的思考》的课堂报告中首次指出了这段引文与《操行零分》片段之间的联系，参见安娜 – 卡特里娜·达尔马索文章《可见的媒介：隐暗的界面与非模仿性浸入》（Le medium visible. Interface opaque et immersivité non mimétique，收入 *Chiasmi*，no.16，2014 年，第 109 页）。随后，她又指出了梅洛 – 庞蒂所作的比喻与让·爱浦斯坦（Jean Epstein）在《机器的智能》（*L'intelligence d'une machine*）中对慢镜头效果所作比喻的相似性，梅洛 – 庞蒂在 MSME 第 84-85 节中也引用了爱浦斯坦书中的一段话：“在一段慢镜头画面中，相反地，我们看到的是对形式的分解……整个人看起来只是一种肌肉平滑的存在，在一种稠密的介质中游动，浓稠的介质之流不断裹挟并塑刻着自上而下投射在古老的水生动物、母水之上的光线。……而变得更为缓慢的，整个生命体回归于它根本的黏稠之中，令它固有的胶着性浮现于它的表面。”（J. 爱浦斯坦，《机器的智能》，巴黎：Éditions Jacques Melot，1946 年，第 59 页）参见 A.C. 达尔马索，《视觉中的运动：论梅洛 – 庞蒂电影美学》（*Movimento della visione. L'ontologia merleau-pontiana nello specchio del cinema*），米兰大学哲学专业硕士学位论文，2009—2010 年，第 106-107 页。

2 关于梅洛 – 庞蒂的理论与比尔·维奥拉的作品之间的“交错”，参见伊莎贝尔·马托斯·迪亚斯（I. Matos Dias），《视线的交错：梅洛 – 庞蒂现象学与比尔·维奥拉的录像艺术》（*Croisement des regards. La phénoménologie de M. Merleau-Ponty et l'art vidéo de Bill Viola*，*Daímon. Revista de Filosofía*），N° 44，Mayo-Agosto，2008 年，第 85-92 页。

体与世界的实时联系。因此，身体就无法识别出慢动作画面中与自己相同的身体所做出的动作，反而觉得这是与自己完全不同的世间存在，看上去与海藻更为相近。恰恰是因为知觉逻辑以直接和本质性的方式揭示出我们与世界的统一，它才阻止了我们把自身体验到的运动和现实世界中发生的运动作为孤立的两种运动分割开来。这样一来，我们也不应该把运动描述为**存在内部**的运动，因为它把后者，即存在，假定为静止不动的。实际上，正如格式塔理论学者提出、并由电影做出确证的，**背景在运动知觉中扮演着至关重要的角色**，而这意味着运动不是处于**存在之中**（dans l'être）的运动，而是作为**存在自身**的运动，而存在也从而作为运动（être mouvement）显现出来。这正是这段课程笔记的结尾处所指出的："所以此处运动 = 对存在的揭示，它内部结构的结果，显然并非位置的变化。"[1]

因此，在梅洛 – 庞蒂看来，电影为我们指明了一种全新的思考方向、一种摆脱西方思想固有的二元对立模式的可能。关于这一问题，他在《感性世界与表达世界》课程概述中指出，"对运动的应用"其实不是一个单独的问题，而是与"电影艺术"（他的这一评价本身

1　M. 梅洛 – 庞蒂，MSME，70。他在《符号》一书前言中写道："世界只是在运动中、存在也只是在运动中得以延续，所有的事物也唯有这样才能够在一起。"（M. 梅洛 – 庞蒂，《符号》，第 30 页，中文版第 26 页）

也很有意义）在本质上是一致的。

此前梅洛－庞蒂已经在1948年根据电台访谈内容出版的《谈话录》中提出了电影作为艺术的问题：

> 尽管电影作品中称得上彻头彻尾的艺术作品的创作还为数不多，尽管电影的制胜之处——人们对电影明星的迷恋、眼花缭乱的镜头变化或扣人心弦的情节、精美的摄影画面或引人入胜的对白——往往喧宾夺主而令人忽略了电影最本质的表达方式……尽管在所有这些因素制约下，我们至今还未看到一部完整纯粹的电影，我们还是可以从中隐约辨认出它的轮廓，人们将会看到，与所有艺术作品一样，它也是我们知觉到的某物。[1]

梅洛－庞蒂因此提出，一部电影若是能够被称为“彻头彻尾的艺术作品”，则必须是一部“完整纯粹的电影”。也就是说，它既避免了追求商业成功的因素的影响，也避免了其他表达形式——如摄影、文学等——对电影所特有的艺术形式的损害。总之，梅洛－庞蒂认为“电影艺术”应该是一门独立的艺术。事实上，上一段引文之后，他接着写道：

> 最终，构成电影之美的，并不是电影讲述的故事本

1 M. 梅洛－庞蒂，《1948年谈话录》（*Causeries 1948*），S.Ménasé 编注，巴黎：Seuil，2002年，第75页。

身，也不是精彩的台词，甚至也不是它所表达的思想，说到底，也不是带有导演明确个人特征的表达方式和影像风格，这就像是作家偏爱的那些个人化的词汇，它们并不具有决定性意义。最重要的，是对银幕上呈现的段落的选择，还有在每一段落中出现的不同视角的选择，其中每一因素持续的时间、出现的次序、伴随的音响及对白……所有这一切构成了一部特定电影的整体节奏。[1]

这种“电影的整体节奏”代表的正是梅洛-庞蒂在《感性世界与表达世界》课程概述中指出的“电影艺术”所特有的“对运动的应用”[2]。

他在概述中解释道：

1 M. 梅洛-庞蒂，《1948 年谈话录》，第 57-58 页。

2 尽管梅洛-庞蒂在课程概述和笔记中从未提到安德烈·马尔罗（André Malraux）的名字以及他在电影方面的理论，这一点与他在《电影与新心理学》讲座上的直接引用截然相反（见《意义与无意义》，第 71 页、第 74 页），有必要指出，在这一课程中他对电影艺术的具体特征的归纳与马尔罗 1940 年发表于 *Verve* 杂志的文章《电影心理学初探》（*Esquisse d'une psychologie du cinéma*）中的观点有着众多一致之处。梅洛-庞蒂在巴黎电影高等学院的讲座中就已经引用了这篇文章，而在《1948 年谈话录》中我们也能找到许多与马尔罗的共同点。马尔罗在文中提到，“如果电影只是一种再现人物运动的手段，那它并不比摄影或者说复制式的摄影术更具艺术性。在特定的封闭空间中，一般来说在一个现实的或者想象的戏剧场景里，演员们穿梭上下，演出一出戏或一幕闹剧，而机器就负责将其记录下来。电影作为一种表达手段（而不是再现手段）的诞生则始于对这个封闭空间的摧毁”[A. 马尔罗，《电影心理学初探》，收入《论艺术Ⅰ》（*Écrits sur l'art* Ⅰ），J.-Y. Tadié 主编，A.Goetz，C.Moatti，F. de Saint-Cheron 合编，“七星文库”丛书，巴黎：Gallimard，2004 年，第 5-16 页，此段引文见第 8 页]。随后他又补充道：“活动摄影曾经是电影的再现手段，而电影的表达手段，则是镜头画面的连接。”

电影，最初作为拍摄运动物体或再现运动的工具被发明出来，逐步发现了比位置变化重要得多的东西：一种全新的象征思想的手法，一种**再现本身的运动**（mouvement de la representation）。[1]

首先，正是在这一“发现”中包含了电影作为“艺术”的特质——克利所宣称的所有艺术的特质，即非模仿性——以及电影在本体论维度上的创新性。紧接着，梅洛－庞蒂在下文对这两点做了更为详细的论述，他写道：

（电影）不再像刚开始时那样，模仿客观的运动，而是**表现视角的变化，呈现出从一个人物到另一个人物的转换或者从一个人物向事件的滑移**。[2]

此外还应注意，尽管在前面一段引文中梅洛－庞蒂依然沿用了“再现”（représentation）一词，但几乎可以确定地说，这句话中对“再现本身的运动”的“发现”正是促使他放弃“再现”而开始充分发掘“视觉”概念的契机。而且，正如我们在本书前几章中看到的，他坚决抵制将“视觉”简单地理解为“一种思想的运作，在

1　M. 梅洛－庞蒂，《课程概述》，第 20 页。

2　M. 梅洛－庞蒂，《课程概述》，第 29-30 页。

心灵面前树立一幅世界的图画或对世界的**再现**”[1]。

在此基础上，我们也能够更好地理解（梅洛－庞蒂在 1960—1961 年的课程笔记中提到的）安德烈·巴赞的思想对梅洛－庞蒂所具有的意义。事实上，梅洛－庞蒂后期哲学思想与巴赞的共同点似乎正在于对视觉、因此也是对图像的一种新的本体论探讨。

图像本体论：互为先导的旋进图像（précession réciproque）

巴赞在 1945 年发表的《摄影影像的本体论》[2]一文被视为二战后电影理论发展的奠基之作，在这篇文章中，他提到了超现实主义摄影，并写道：“想象与现实两者之间逻辑性的区分趋于消失。所有的图像都应作为实物被感觉到，而所有实物都作为图像被领会。”[3]

而梅洛－庞蒂则通过《眼与心》中对现代绘画的创新之处的思考，提出不应该再把图像视为“一个移印、拷贝、一个第二位的东西”[4]，它虽然基本忠实于它的模本，但却也必然诞生于一个独立的、脱离了我们与世界

1　M. 梅洛－庞蒂，《眼与心》，第 17 页（中文版第 36 页）。

2　A. 巴赞，《摄影影像的本体论》（Ontologie de l’image cinématographique，1945），收入 A. 巴赞，《电影是什么？》（*Qu'est-ce que le cinéma?*），巴黎：Cerf，2010 年，第 9-17 页（中文版崔君衍译，北京：中国电影出版社，1987 年，第 6-15 页）。

3　A. 巴赞，《摄影影像的本体论》，第 16 页（中文版第 14 页）。

4　M. 梅洛－庞蒂，《眼与心》，第 17 页（中文版第 36 页）。

的感性联系的视觉之中。

与同时期的《可见的与不可见的》一致，在这里，梅洛 – 庞蒂也认为身体体验建立在肉身的关联性界域之上[1]。他因此揭示了视觉在这一界域“中心”的**涌现**（surgissement），而不再将视觉描述为从身体内部**探伸出来**：

> 围绕于我们四周的可见世界好像是建立在它自身基础之上。仿佛我们的视觉就在它的中心自动形成。[2]

梅洛 – 庞蒂补充道，我的视觉之所以可以从可见的中心出现，是因为可见本身同时也作为能见者存在，《可见的与不可见的》这本书讨论的正是“这个**褶子**，这个处于可见的中心的空洞，也就是我的视觉”[3]。正是在“这种叠合、内褶”[4]中产生了我的身体既是可见的一部分，又同时身为观看者的体验，一种同时作为可感之物和有感觉能力的存在者的身体体验，才使得我与

1 雷诺·巴尔巴哈斯（R.Barbaras）在做出如下判断时似乎并未考虑到这一点：“与胡塞尔一样，梅洛 – 庞蒂也试图从主体出发建立关系，因此关系的两极性（经验的 / 先验的）并没有得到深入的探讨，对主体的研究并没有从知觉关系出发：他对胡塞尔唯一的超越之处在于对肉身主体而不是先验主体的强调。”R. 巴尔巴哈斯，《生命与意向性：现象学研究》（*Vie et intentionnalité. Recherches phénoménologiques*），巴黎：Vrin，2003 年，第 156 页。

2 M. 梅洛 – 庞蒂，《可见的与不可见的》，第 173 页（中文版第 161 页）。

3 M. 梅洛 – 庞蒂，《可见的与不可见的》，第 192 页（中文版第 180 页）。

4 M. 梅洛 – 庞蒂，《可见的与不可见的》，第 199 页（中文版第 188 页）。

世界的关系维持着类似于莫比乌斯环的状态[1]，传统上被分为内环和外环的两面在同一视觉循环中经历了反转倒换。

正是根据这一循环，梅洛－庞蒂在《眼与心》中写道：

> （我们）可以触到太阳、星星，在同一时间里我们无处不在，与遥远的和近前之物同样接近……我们甚至能够想象自己身处另外的地方……自由地注视着——无论处于世界哪一角落的——现实之物，我们所借助的都是视觉，利用的都是从视觉那里得到的方法。[2]

根据视觉的这一特征，想象与视觉便是统一的，不能把想象理解为一种代换能力或者现实的替代品；它所揭示的并非现实中某物的缺席或者是与现实完全不同的另外之物，而是恰恰通过与视觉本身的结合，从我们与世界之间保持的感性亲缘性之中萌发出来的。我们知道，这就是梅洛－庞蒂所称的"肉身"。通过这一视角，梅洛－庞蒂提出，想象比对"真实"[3]本身的复制更贴近

1 "如果用比喻来说明，则被感觉到的身体和有感觉能力的身体就像是正面与反面，又或者，像是一段环形路程中的两个不同部分，上方是从左向右，而下方是从右向左，两者只不过是同一运动的两个不同阶段。"（M. 梅洛－庞蒂，《可见的与不可见的》，第 182 页，中文版第 170 页）

2 M. 梅洛－庞蒂，《眼与心》，第 83-84 页（中文版第 85 页）。

3 M. 梅洛－庞蒂，《眼与心》，第 24 页（中文版第 40 页）。

于“真实”，因为想象表达了真实之物在我们与世界的感性、情感和象征关系组成的肉身中唤起的共鸣。因此在《眼与心》中梅洛－庞蒂写到，在与现实的关系上，绘画应被视为“首次展露于视线之中的（现实的）肉质或肉体的背面”[1]。但是，这一定义与我们对电影经验的讨论是否有必然联系呢？至少对于让－吕克·戈达尔来说答案是确定无疑的。实际上，戈达尔在 1995 年创作的电影《JLG/JLG：12 月的自画像》中就引用了梅洛－庞蒂《可见的与不可见的》书中一个著名的段落[2]，与电影同名的书收录了影片中所有对白，我们可以在书中找到这一段文字，限于篇幅我仅从中摘取如下几句：

> 如果我的左手
> 可以触到我的右手
> 正当它在触摸
> 事物
> 触摸到它
> 正在触摸……[3]

总之，正如弗朗西斯科·卡塞蒂（Francesco Casetti）在《世纪之眼》（*L'occhio del novecento Cinema, esperienza,*

1　M. 梅洛－庞蒂，《眼与心》，第 24 页（中文版第 40 页）。
2　转引自 M. 梅洛－庞蒂，《可见的与不可见的》，第 185 页（中文版第 174 页）。
3　J.-L. 戈达尔，《JLG/JLG。句子》（*JLG/JLG. Phrases*），巴黎：P.O.L.，1996 年，第 69-71 页。

modernità）[1] 一书中所指出的——我们从书的标题就能读出很多启示——电影作为与现代主义绘画几乎同时诞生的表达形式，极大地体现并推动了“人与存在关系的转变”，令其产生更为深远的影响，而这种转变正是梅洛－庞蒂在《眼与心》中对现代主义绘画的总结。虽然这些变化以反对现实的模仿为特征，但在《眼与心》中，梅洛－庞蒂没有用否定的方式，而是以肯定的角度来阐述这一变化，这体现在他对视觉的定义：

> 在事物的真实存在和人们眼中所见及令人看见之物之间；在眼之所见和令人看见之物与事物的存在之间的旋进关系（précession）[2]

这个奇怪而复杂的定义在我看来颇具深意，所以接下来将对这句话进行重点分析。“旋进”（précession）这个词在迄今为止已出版的梅洛－庞蒂著作中只出现过一次——而日后它在法国后结构主义哲学家们笔下出现得更为频繁[3]——我在此要特别感谢艾曼努埃尔·德·圣欧贝尔向我提供了一份详尽的总结，列出了“旋

1　F. 卡塞蒂，《世纪之眼：电影，体验与现代性》，米兰：Bompiani，2005 年。尤见书中第 255 页，此处他也引用了后期梅洛－庞蒂哲学来解释同一问题。

2　M. 梅洛－庞蒂，《眼与心》，第 87 页（中文版第 88 页）。

3　让·鲍德里亚（Jean Baudrillard）就将“拟像”（simulacres）定义为“旋进的形象”：“从此，先有了地图才有领土——拟像的旋进——是它形成了领土。”[J. 鲍德里亚，《拟像的旋进》（La précession des simulacres），选自《拟像与仿真》（*Simulacres et simulations*），巴黎：Galilée，1981 年，第 10 页]

进”这个词在梅洛－庞蒂尚未发表的手稿中所有出现之处。[1]

梅洛－庞蒂第一次使用这个词是在 1957 年初写下的读书笔记中，当时他正在读鲁道夫·阿恩海姆的《艺术与视知觉》（这本书出版于 1954 年[2]，书中并没有出现“旋进”一词）。之后，从 1960 年开始“旋进”在梅洛－庞蒂笔下多次出现，首先是前面引用的《眼与心》初稿中对视觉的定义。在此基础上，似乎可以肯定地说，梅洛－庞蒂描述的是这些相关项之间的**时间**关系，而在初稿中，与“旋进”并列的还有暗示**空间**关系的“侵入”（enjambement）、“僭越”（empiètement）等词语，但他最终还是采用了“旋进”一词[3]。

这选择并不仅仅意味着梅洛－庞蒂更强调时间关系而非空间关系。实际上，“旋进”描述的是一种非常特殊的时间关系，以相关诸项之间在时间关系上的**逆行/先行运动**（mouvement d’antécédence）为特征。例如由春分和秋分点的移动带来的岁差现象，每年春分和秋分

1 每一处出现“旋进”一词的手稿都注明了在国立图书馆收藏目录中的卷目、手稿编号、页码，并注明了国立图书馆资料编号，以及某些部分出现的梅洛－庞蒂本人为笔记做的编号。编码惯例详情请参见 E. 圣欧贝尔，《从存在之间的联系到存在的元素：梅洛－庞蒂思想在 1945—1951 年的转变》（*Du lien des êtres aux éléments de l’être: Merleau-Ponty au tournant des années 1945-1951*，巴黎：Vrin，2004 年）一书中《研究方法及目录学注释》部分，第 9-10 页。

2 R. 阿恩海姆，《艺术与视知觉》（*Art and Visual Perception*），伯克利：加州大学出版社，1954 年。梅洛－庞蒂相关笔记，见 *B.N.*，XXI 卷，NL-Arnh［53］（50）。

3 *B.N.*，V卷，OE-ms［36］v（53）及［94］（42）。

都会比前一年提前 20 分钟。

梅洛－庞蒂对这种特殊时间现象的偏爱在 1960 年 11 月到 1961 年 5 月写下的《可见的与不可见的》“总概论”中表现得更为明显。我们在这则写于 1960 年秋天的笔记中首次看到了“旋进”：

> 视见者—可见者、沉默—言语、我—他者之间的循环与**旋进**[1]

但在下一篇笔记中，他随即对这一说法做了重要的改动：

> 视见者—可见者　　循环，更是**旋进**
> 沉默—言语
> 我—他者[2]

在“总概论”同一页上，梅洛－庞蒂试图通过另一个天文学表述来解释“旋进”：“在万有引力作用下一方围绕另一方运动”[3]，而这一表述揭示了所涉及对象之间的一种相互关系——尽管是空间性的。

而《眼与心》的表述更强调了一种时间上的相互性，

1 *B.N.*，Ⅶ卷，NLVIàf3［186］。
2 *B.N.*，Ⅶ卷，NLVIàf3［181］。
3 *B.N.*，Ⅶ卷，NLVIàf3［181］。

因为“旋进”被描述为这一特定关系中诸对象间**互为先导的运动**。梅洛－庞蒂进一步指出：“在事物的真实存在和人们眼中所见及令人看见之物之间；在眼之所见和令人看见之物与事物的存在之间的这种旋进关系，就是视觉本身。”正是基于这种**互为先导**的关系，梅洛－庞蒂才用了“旋进”这个词来描述“事物的存在”和“人们眼中所见及令人看见之物”之间的相互依赖性，而在他看来这正是视觉的定义。简言之，梅洛－庞蒂对旋进的定义必然是相互性的：视线投射在事物之上的先导，以及事物对视线产生的先导形成的旋进；想象物在“现实”之上的先导——正是想象物在引导和供给着人们的视线，令我们看到现实——以及现实在想象物之上的先导之间的旋进。在这种情况下，我们已经**无法决定**关系中两者之间的优先性。换句话说，永远不可能在两个相关项之间分辨出孰先孰后，哪一方**居于首位**，而哪一方又应该被视为梅洛－庞蒂所说的“处于第二位的东西”。此外，这令我们得以规避巴赞提出的“运动”与“运动物体”之间的“逻辑区分”[1]。

1　我们有充分理由将目前所讨论的梅洛－庞蒂对视觉的定义视为梅洛－庞蒂后期思想与巴赞共同点的理论核心。皮耶特罗·蒙达尼因此写道：“事实上，巴赞与梅洛－庞蒂一样，也是一位看到了想象的本体论重要性的现象学家：图像在‘涌现’和‘退却’之间的显现，它产生于视觉从事物到形式的往复运动及其相反进程，以及从视觉材料到意义的往复运动及相反进程。”P.Montani，《叙事性想象：电影在文学空间之外的叙事》（*L'immaginazione narrativa. Il racconto del cinema oltre i confini dello spazio letterario*），米兰：Guerini e Associati，1999 年，第 74 页。

实际上，互逆旋进的观点排除了时间与空间中存在的一个绝对的从前（甚至也包括“先在”于空间和时间的原初点）。因此揭示出将现实视为绝对首要的思考方式在多大程度上还停留在形而上学领域，并启发我们做出不同的思考。

如果我们接受这一邀请，便不难发现，互逆旋进是一种逆行运动，它在时间中挖掘出一种特殊的深度（profondeur）。在《眼与心》中梅洛－庞蒂同样提到了“可见物那久远得不可追忆的深处”[1]。我相信，恰恰应该从这一角度理解时间深度。在这个问题上，梅洛－庞蒂再次引用了普鲁斯特的《追忆似水年华（1）：在斯万家那边》为证，1960 年 4 月他在一则《可见的与不可见的》工作笔记中写道：

> 弗洛伊德的“超越时间的”无意识理论和“坚不可摧”的过去的观点＝排除了通常意义上作为“经验的序列”（série des Erlebnisse）的时间——结构性过去的存在。例如，普鲁斯特：真正的山楂花是昔日的山楂花……这“昔日”属于一个神话时间，位于时间产生之前的时间，属于先前的生活，它“比印度和中国还要遥远”。[2]

1　M. 梅洛－庞蒂，《眼与心》，第 86 页（中文版第 87 页）。

2　M. 梅洛－庞蒂，《可见的与不可见的》，第 296 页（中文版第 309-310 页）。

此外，在这本书的手稿中，他也确言，在“神话时间”中，“某些‘最初’的事件依然在持续作用”[1]。在我看来，“在事物的真实存在和人们眼中所见及令人看见之物之间；在眼之所见和使其可见之物与事物的存在之间的旋进关系”发掘和确立的正是这种时间的深度。实际上，由于这种旋进是无限互逆的，我们无法循迹返回一个时间轴上的过去。更确切地说，它只会将我们带到**一个从未发生过的过去**，即“神话时间中的过去”。在我们的无意识中起作用的正是这种特殊的“不可追忆”的时间，上面引文中指出了它“坚不可摧”的特点，而迪迪－于贝尔曼也提出了“记忆中**事件**的坚不可摧，变化不定和年代不测”是这种时间性的突出特点[2]，它因此联系着一种普鲁斯特所描述的无意识的记忆。换句话说，这种存在于生活经验内部的特殊时间性是通过一种“主动的遗忘”[3]无意识地形成的，是一种“肉身的本质”[4]和“感性理念”[5]。而后，两者又向神话之源回溯并依靠着柏格森所说的“真实的逆向运动”沉积下来，并因此始终在“结构性过去”中发挥作用。我在另一本书中曾

1 M. 梅洛－庞蒂，《可见的与不可见的》，第 43 页（中文版第 31 页）。

2 参见 G. 迪迪－于贝尔曼，《时间之前：艺术史与图像的非时间性》，第 239-240 页。

3 M. 梅洛－庞蒂，《法兰西学院课程笔记（1958—1959 及 1960—1961）》，第 115 页。

4 M. 梅洛－庞蒂，《眼与心》，第 35 页（中文版第 49 页）。

5 M. 梅洛－庞蒂，《可见的与不可见的》，第 196-198 页（中文版第 185 页）。

论证过[1]，神话时间是一种特殊的时间，其中运作的是梅洛－庞蒂所称的“感性理念”——这些理念不仅与其感性外观不可分割（与它们的视觉图像、语言表达或音乐呈现等不可分离）[2]，并且正是由这些图像所确立的，它们构成了理念自身的深度。因此，这些图像与理念存在于同一神话时间维度之中。正如《眼与心》中所说：

> 《恶心》中谈到，死去多年的一位君主的微笑，依然浮现在一张画布的表面，并将持续留驻在那里，这无法说明它究竟是作为图像还是作为本质存在：每当我注视那幅画，它就无比鲜活地在那里[3]。许多年前塞尚想要捕捉的那个“世界的瞬间”虽然早已远去，他的画还继续在将这个瞬间投向我们，而他的圣维克多山在世界的各个角落广为流传，虽不复原景，却丝毫不减埃克斯地方那峭立山岩坚硬朴实的风貌。[4]

虽然我们已经看到，梅洛－庞蒂后期哲学对电影

1　参见 M. 卡波内，《普鲁斯特与感性理念》。

2　“相反地，这里并不存在没有屏幕的视觉：如果我们没有身体、没有感觉，我们就无法很好地了解这种理念，它对我们来说将是无法进入的。”M. 梅洛－庞蒂，《可见的与不可见的》，第 196 页，中文版第 185 页。

3　我们也可以说，“这个微笑依然浮现在画布的表面，并将持续留驻在那里”，同时作为图像和本质：它作为“肉身化的本质”浮现出来，梅洛－庞蒂在下文做出如下表述。

4　M. 梅洛－庞蒂，《眼与心》，第 35 页（中文版第 49 页）。

的思考集中于“运动问题”，但我认为，他以普鲁斯特《追忆似水年华（1）：在斯万家那边》为例探讨的这种神话时间，也正是“电影画面遵循的时间”[1]。没有它，电影将无法成为20世纪最有影响力的神话体系之一，也无法在心理分析方面产生如此广泛的影响。甚至可以更概括地说，梅洛－庞蒂在《眼与心》中对视觉的定义准确揭示了20世纪以来各类艺术逐步赋予图像的全新地位[2]，图像不再被简单地视为**反映某物的形象**（figures de renvoi），而是作为“互为先导旋进的形象”出现。与20世纪其他表达形式相比，电影更为明确地揭示出了这一变化，“并且足以对现实与想象的区分提

1　在《电影2：时间－影像》一书出版时德勒兹接受了《电影手册》的采访，并且在最后一组问答中阐述了与此极为相似的观点：“这个问题其实很有意思，因为在我看来很显然（电影）画面并非现在时的，发生在现在时间的，是画面所‘呈现’之物，但并不是画面本身。画面本身是众多时间关系的整体”；他随后引了普鲁斯特的话为证：“每一次出现的‘都是一段纯粹的时间’，而并非当下。”G. 德勒兹，《大脑，即屏幕》（Le cerveau，c’est l’écran），《电影手册》，n° 380，1986年2月，第32页。

2　我们还可以从这一定义联想到画家在提起画笔时必须经历的斗争，努力在落笔之前将画布从各种“陈规旧形”中解放出来：D.H. 劳伦斯在一篇谈到塞尚的文章中描述了这一斗争［参见D.H. 劳伦斯，《病态的美》（*La beauté malade*，1929），C.Malroux译，巴黎：Allia，1993年，第9页］，而德勒兹在讨论培根的书中引用了这一说法，强调画家的工作并非在一幅白色表面上“再现一个外部的对象”［G. 德勒兹，《弗朗西斯·培根：感觉的逻辑》（*Francis Bacon. Logique de la sensation*），巴黎：La différence，1981年，第一卷，第57页（中文版董强译，广西师范大学出版社，2007年）］。

出疑问”[1]。如此来看，“这像是一部电影”和“这感觉如此真实”之类互逆旋进的观点就足以说明问题。同样地，电影还令我们更为确切地体会到梅洛－庞蒂关于绘画所做出的貌似自相矛盾的命题：

> 我甚至无法说出我所注视的图画究竟在何处。因为我并不是像注视一件东西那样去注视它，并没有将它固定在它所在的位置……与其说我看见它，不如说我依据它、凭借它而看。[2]

因此，如果图像不是“一个处于第二位的东西”，那正是得益于它与“事物的存在”之间的互逆旋进。反过来，正是依靠这种互逆旋进的关系，我们才能“依据、凭借”图像来看世界。电影让我们明确体会到梅洛－庞蒂所说的这三种体验之间的关系，但对这些内涵与结论的思考只是我们的哲学探索踏出的第一步。

---

1 M. 梅洛－庞蒂，《课程概述》，第 69 页。众所周知，在德勒兹看来，是意大利新现实主义“令我们落入一种不确定性或无法分辨性原则：在情境中，想象与现实、物质与精神渐渐变得无法区分，并不是我们错误地将其混淆，而是根本无从判断，甚至无处提问。仿佛现实与想象围绕着一个无法分辨的点，相互追逐且互为映现”[G. 德勒兹，《电影 2：时间－影像》(*Cinéma II. L'image-temps*)，巴黎：Minuit，1985 年，第 15 页（中文版黄建宏译，台北：远流出版公司，2003 年，第 379 页）]。关于梅洛－庞蒂与德勒兹对电影及图像方面的思考，参见 O. 法勒，《世界的可见性：德勒兹、梅洛庞蒂与电影》(La visibilité du monde. Deleuze, Merleau-Ponty et le cinéma)，收入阿兰·波留（A.Beaulieu）主编，《吉尔·德勒兹：哲学遗产》(*Gilles Deleuze. Héritage philosophiqie*)，巴黎：PUF，2005 年，第 123-143 页。

2 M. 梅洛－庞蒂，《眼与心》，第 23 页（中文版第 40 页）。

第五章　感性世界（已经）是一个表达世界：作为“反向检验”的“电影艺术”*

《知觉现象学》尚未解决的核心理论问题

“感性世界与表达世界”，作为梅洛－庞蒂 1953 年在法兰西学院开设的第一门课程的标题，它再恰当不过。事实上，它准确地表述了作者在《知觉现象学》及其同期文章中触之未及的一个核心问题，尚未以明确和令人满意的方式得到解决：这就是两个“世界”之间的关系问题。该课程标题只是用了一个最简单的连词“和”来并列这两个“世界”。

实际上，在《知觉现象学》之后，梅洛－庞蒂致力于“精确描述知觉信仰在语言、概念和文化世界层面上如何转化为显性真理的过程”[1]，这一观点早就在 1947 年发表的《人的形而上学》一文的脚注中出现过。他写道：“我们打算在《真理的起源》（*L'origine de la vérité*）这本书中完成这一任务。”[2]

* 感谢弗朗索瓦·阿尔贝拉（François Albera）和艾曼努埃尔·埃洛阿（Emmanuel Alloa）在本章起草过程中与我的邮件沟通，使我得以对本章进行大幅改进。

1　M. 梅洛－庞蒂，《意义与无意义》，第 94 页注释 13。

2　M. 梅洛－庞蒂，《意义与无意义》，第 94 页注释 13。

换句话说——梅洛-庞蒂在1952年向法兰西学院递交的候选申请中说——他现在着手研究“严格意义上被称之为知识的领域”[1]，将其作为以身体为中心的知觉经验的恢复和“升华”。因此，这项研究致力于建立一种“真理的理论”，它牢牢扎根于知觉经验之中——因此体现出其新颖性——拒绝了知识的主体和客体是**纯粹的、因而是永恒的**这一观点。梅洛-庞蒂在“人文科学与现象学”课程（1950—1951年）中指出，“现象学……不是一门关于永恒真理的科学。它是关于全时性（omni-temporality）的科学：是对时间性的本质的探索，且不以摆脱时间性为目的”[2]。

另外，对于以此为前提和出发点的理论来说，真理与其表达是密不可分的，因此也与口头语言密不可分——在为《法兰西学院年鉴》撰写的本门课程摘要中，梅洛-庞蒂指出：“准确地说，我们应将其归功于表达。”[3]

正如在《知觉现象学》中提到的，简言之，真理的问题直接涉及时间和“表达”（phasia）。尤其是后

1 M. 梅洛-庞蒂，《知觉的首要性及其哲学结论》（*Le primat de la perception et ses conséquences philosophiques*），格勒诺布尔：Cynara，1989年，第6页。

2 M. 梅洛-庞蒂，《儿童教育心理学：索邦大学1949—1952年课程》（*Psychologie et pédagogie de l'enfant. Cours de Sorbonne 1949-1952*），巴黎：Verider，2001年，第319页。

3 M. 梅洛-庞蒂，《法兰西学院1952—1960年课程概要》，第72页。梅洛-庞蒂在本篇课程笔记中提到了“表达（phasia）……作为推定的普遍表达”（MSME，28）。

者，梅洛 – 庞蒂在这一阶段对其进行了更深入的分析。如果说 1945 年的作品中他的研究重点是“身体性”（corporeity），连语言表达也被回置于身体中加以考察——但并没有因此被简化为身体性问题——现在，对表达现象的思考在梅洛 – 庞蒂的思想中占据了中心位置。因此，这种思考也为对身体体验的分析及对其不依赖语言交流的表达能力的论证提供了新的、决定性的论据。这就是为什么对后者的分析，作为“感性世界与表达世界”的关注焦点，离不开对口头语言的考察。梅洛 – 庞蒂在该课程的笔记中不断提及这一点，并一再表示他将在随后的讲座中进行深入探讨。[1]

毕竟，他在这一阶段最具代表性的文章之一，也是后来《符号》一书的开篇之作，已经在标题中点明了意图：将他所称的“间接”的语言——因为它打破了传统的语言链条，建立了新的意义——与“沉默的声音”加以比较，后者即我们与世界互动的表达方式，通过与世界的身体接触塑造而成，但始终未曾以语言表达。

梅洛 – 庞蒂根据索绪尔的理论，尤其是他对符号的区分性特征的论述——作为“对立的、相关的和消极的实体”[2]——提出了这一著名的比较：

1　众所周知，1953 年梅洛 – 庞蒂还在法兰西学院开设了一门题为“语言的文学使用研究”的课程，同年 12 月至次年 4 月，他还开设了一门专门讨论“言语问题”的课程。

2　M. 梅洛 – 庞蒂，《世界的散文》，第 31 页（中文版第 33 页）。

> 我们在索绪尔的著作中学到，单个符号不表示任何东西，每一个符号与其说是表达一种意义，不如说是标志着它本身与其他符号之间的意义**差别**（écart）。由于所有其他符号也是如此，我们可以得出结论：语言是由非词语的差异构成的；或者更确切地说，语言中的词语只是由词语之间的差异产生的。[1]

通过对索绪尔著作的思考，梅洛－庞蒂接受了这样一个概念，即语言是一个**差异系统**，没有依赖任何的原初实在意义作为基础：从最早的语音差异，到词语、句法甚至风格的差异，都遵循着这样的系统结构。正是由于这种结构，语言才能始终如一地发挥其作用，对共同语言遗产中已经根深蒂固的符号之间的关系进行去中心化和重组。这也是为什么语言能够以“间接”的方式把握和表达其新颖性和差异性。

然而，梅洛－庞蒂的阐释是基于对“实际经验到的语言”[2]进行把握的现象学愿景，在他的论述中，索绪尔关于“结构”作为**共时**差异系统的观点以一种新颖的方式与格式塔理论相融合，结构因此被定性为一种赋予整体意义的“动态的平衡”[3]，从而产生了语言作为“有向系统”[4]和“区分系统”的定义。

1 M. 梅洛－庞蒂，《符号》，第 76 页（中文版第 46 页）。
2 M. 梅洛－庞蒂，《世界的散文》，第 25 页（中文版第 26 页）。
3 M. 梅洛－庞蒂，《符号》，第 87 页（中文版第 106 页）。
4 M. 梅洛－庞蒂，《符号》，第 88 页（中文版第 108 页）。

梅洛－庞蒂与索绪尔理论的分野，归根结底源于这一独特的结构概念及其发展的必要性。反过来说，梅洛－庞蒂也正是从这些论点出发，为格式塔理论的“形象—背景”关系赋予了一种完全“区分性”的曲线转折，将其作为一种“分歧”（écart）或“差异”，排除了任何意义明确的词语。

这一转向使他放弃了早期思想的一种显著倾向，即把未反思的、沉默的意识视为明确的意义的现身之处，相对于此，语言往往处于次要的和派生的地位。事实上，《知觉现象学》的“序言”中指出：

> 在最初意识的沉默中，我们看到的不仅是这些词语的意思，也是这些事物的意义，即初始意义的内核，命名和表达行为都是围绕着这一核心展开的。[1]

因此，在这本书以及同时期的其他著作中，都包含了“感性世界”与“表达世界”关系中的一种悬而未决的张力。除了赋予哲学研究“**同等地**看待反思和意识的非反思生活”[2]的目标，《知觉现象学》的“序言”中还确言：

> 现象学的世界不是对一个预先存在的阐明，而是存在

1 M. 梅洛－庞蒂，《知觉现象学》，第XXIX页（中文版第11页）。

2 M. 梅洛－庞蒂，《知觉现象学》，第XXX页（中文版第12页）。译文稍有调整。

的基础；哲学不是对一种先在的真理的反映，而是像艺术一样，是真理的实现。[1]

将上述两段话并置在一起，我们可以清楚地看到前面提到的梅洛－庞蒂思想中悬而未决的张力。它可以概括为以下问题：是不是“表达的世界”赋予了在充满了沉默经验的“感性世界”中仍然混乱不明、缺乏反思的意向性以意义，还是相反地，它“令”自身“等同于”原本就蕴含在这种经验之中的意义，正如前面的引文所暗示的那样？

这种张力构成了梅洛－庞蒂在对口头语言的思考中得出的结构概念发挥作用的焦点。这一点从他在本课程摘要中陈述的思路可见一斑：

一个被感知的事物，当它从所有其他事物中被挑选出来时，它的意义仍然不会孤立于它脱颖而出的那一系列事物的整体；它只是作为与我们所处的空间、时间、运动以及总体上的意义的秩序相关的某种**差异**（écart）而被阐明的。事物的意义只是作为我们经验宇宙的有系统的变形而被给予的。[2]

1 M. 梅洛－庞蒂，《知觉现象学》，第 XXXIV 页（中文版第 17 页）。

2 M. 梅洛－庞蒂，《法兰西学院 1952—1960 年课程概要》，第 71-72 页。译文稍有改动。

身体的区分能力

从这个角度看，身体与生俱来的符号化能力，正如在《知觉现象学》中已经阐明并在同一时期的其他著作中重申的那样，成为一种**与生俱来的区分能力**。因此，表达性手势就像音素一样，已经具有了区分价值，而知觉意识就像语言一样，“因此是间接的”[1]。根据以上描述的反思轨迹，其中包含的理论见解可以用一个短句来概括，它巧妙地修改了课程的标题短语：“感知”，也就是我们接触到的**感性世界**——正如摘要中重申的——“**已经是表达**”[2]。它的意义在于被感知的对象与其周围未被感知的环境之间的差异[3]。

正如预期的那样，这些思考表明梅洛 – 庞蒂对沉默的经验的理解发生了转变，如今他将其设想为区分性的（diacritical）。而当这种经验被认为是内嵌于对世界的共同感知的主体间领域，梅洛 – 庞蒂就可以断言：

> （人类的）第一句话并不是建立在一个没有交流的世界中，因为它是从那些已经确立的共同行为方式中浮现出来

1 M. 梅洛 – 庞蒂，《法兰西学院 1952—1960 年课程概要》，第 72 页。

2 M. 梅洛 – 庞蒂，《法兰西学院 1952—1960 年课程概要》，第 74 页。

3 梅洛 – 庞蒂在将感知描述为表达的同时，也注意将其与“正确而言的表达”区分开来，他明确指出：“当人们从感性世界（我们身陷其中）进入表达世界（我们试图在表达世界中捕捉意义以服务于我们的目的）时，确实存在着一种逆转，尽管这种逆转和真理的‘倒退运动’是由感知的预期所引发的。”（*RC* 72）

的，并且扎根于已经不再是私人世界的一个感性世界中。[1]

因此，从沉默的经验到语言表达的过渡是在一个共同的区分框架内进行的。这表明，梅洛－庞蒂在克服早期因为将无反思的沉默生活视为实质基础而带来的挑战方面取得了进展。尽管此时在沉默与言语之间的可逆性尚未得到确立——后期梅洛－庞蒂通过一种公开的本体论视角探讨了两者之间的完全可逆性——但这种方法的基础似乎已经奠定，即认识到知觉与口头语言具有相同的区分能力，因此两者都是间接表达的手段。[2]

然而，还有另一个原因使得这篇课程笔记至关重要。梅洛－庞蒂将其归纳如下：

> 作为反向检验，我们在课程的最后一部分简述了将运动作为一般表达方式的研究。这一主题将在后面的课程中进一步得到讨论（届时我们还将探讨对语言手势的分析，这个主题课程又被推迟了一年）。我们将集中关注运动在绘画和电影艺术中的应用实例。[3]

反向检验：电影中的运动现象作为表达

我们知道，长期以来，电影在梅洛－庞蒂的哲学研

1 M. 梅洛－庞蒂，《世界的散文》，第 42 页（中文版第 45-46 页）。

2 有关这一问题，亦参见 E. 埃洛阿，《作为身体性区分的肉身》（La chair comme diacritique incarné），收入 *Chiasmi international II*，2009 年，第 249-262 页。

3 M. 梅洛－庞蒂，《课程概述》，第 77-78 页。译文有所改动。

究中一直处于边缘或次要的地位。然而，这门课程的笔记却提供了重要依据，揭示了梅洛 – 庞蒂对电影的持久兴趣[1]。其背后的原因正是着眼于本章标题。事实上，通过电影体验，这一表述可以**得到确认，同时也可以被进一步明确化**，尤其是有关运动（movement）现象，在“电影”（cinema）的古希腊词源之中本就包含了运动这个词。事实上，梅洛 – 庞蒂正是在电影领域——比在绘画领域更明确地——发现了运动的本体论意义，并将其理解为我们与“存在”本身——而不是与跟“存在”（Being）相对立的“生成”（becoming）——的关系的一个内在方面。

因此，电影有助于阐明本章标题的意义：**在电影观众或者更广义的感知者的“感觉”经验以及“文化”经验中**[2]，感性世界（已经）是一个表达世界。观众在与感性世界的互动中看到了某种“符号”的出现，而他们的经验使得他们能够理解这种“符号”。

简言之，这种体验包含着梅洛 – 庞蒂所说的“双重运动”[3]：言语表达框架与感性世界表达框架之间的互为

1　需要指出的是，正如洛朗·勒弗莱斯蒂埃（Laurent Le Forestier）所言，“梅洛 – 庞蒂似乎是他那个时代少数几个在围绕电影的非专业话题中提出深刻见解的人之一”[L. 勒弗莱斯蒂埃，《马塞尔·马丁，电影专业学生》（Marcel Martin，étudiant en filmologie），刊于 *1895. Mille huit cent quatre-vingt-quinze*，第 89 期，2019 年，第 133-145 页，引文见第 144-145 页]。关于梅洛 – 庞蒂对电影的长期兴趣及其原因，另见 A.C. 达尔马索，《身体即屏幕：梅洛 – 庞蒂的视觉哲学》（*Le corps, c'est l'écran. La philosophie du visuel de Merleau-Ponty*），巴黎：Mimésis，2019 年。

2　M. 梅洛 – 庞蒂，MSME，127。

3　M. 梅洛 – 庞蒂，MSME，123。另见布莱恩·史密斯（Bryan Smith）为《感性世界与表达世界》所写的引言，MSME，XXXⅣ - XXXⅤ。

参照。有关这种相互影响的分析和描述可参见第 117 页注释 2 中提到的课程摘要引文。

这一主题是梅洛－庞蒂美学信念的基础。电影理论家克里斯蒂安·麦茨指出，这一思考在《电影与新心理学》一文中已经出现。事实上，麦茨用一句引文强调了这些美学信念的精髓，并彰显这篇文章对整整一代法国电影人和影评人的深远影响。

> 艺术的乐趣在于它展示了事物是如何具有意义的——不是指向已经建立和获得的观念，而是通过在时间或空间维度上对诸元素的安排。[1]

麦茨随后已经对此提出了反驳，他说："电影毕竟不是生活，它是一种被创造出来的景观"，但将"这些保留意见"[2] 置于一旁。然而，梅洛－庞蒂在随后的文章中，以及（尽管是间接的）在本课程中，证明了他对独特的电影"语法"和"风格"的细致观察和倡导[3]。2019

1　M. 梅洛－庞蒂，《意义与无意义》，第 57-58 页。

2　C. 麦茨，《电影语言：电影符号学研究》（*Film Language. A Semiotics of the Cinema*），Michael Taylor 译，纽约：牛津大学出版社，1974 年，第 43 页。

3　另见 M. 马丁，《梅洛－庞蒂 1949 年 5 月 4 日课程"电影中的意义：电影语言如何让我们领会它想要表达的东西"》（Merleau-Ponty 4 mai 1949 'La signification au cinéma. Comment le langage cinématographique nous renvoie à ce qu'il veut dire'），刊于 *1895. Mille huit cent quatre-vingt-quinze*，第 89 期，第 153-157 页，2019 年，第 154 页。以及《感性世界与表达世界》，MSME，127。关于这一问题以及马塞尔·马丁所做笔记，参见 L. 勒弗莱斯蒂埃，《马塞尔·马丁，电影专业学生》，第 144 页。

年出版的1949年梅洛－庞蒂在巴黎大学文学院电影学院的演讲笔记尤其证明了这一点。笔记的作者是马塞尔·马丁（Marcel Martin），他当时还是一名“电影专业学生”[1]，根据麦茨当时的说法，马丁日后将成为受梅洛－庞蒂思想影响的电影评论家之一。笔记的开头首先记录了梅洛－庞蒂对“电影语言”的定义，作为在感性世界中建立的差异系统，并将其与“口头语言”相类比。以下是笔记内容：

> 字母＝灯光和阴影（像不同单词中的字母一样有着各种不同的布局方式）
>
> 词语＝镜头（由视角变化界定）
>
> 句子＝段落（由不同的动作、语气和思想组成）
>
> 时态：尽管在电影中只有“现在”时态，即使在闪回中也是如此。[2]

我们前面提到的梅洛－庞蒂对口头语言的看法同样适用于电影语言：只有当电影创造性地重新诠释其自身表达系统中的各种关系时，它才能实现一种（看似自发的）意义的显现，从而升华为“艺术的乐趣”。在课程总结中，梅洛－庞蒂也明确指出，他正是将“感性世界与表达世界”这门课的最后一部分献给了电影艺术。

1　参见L.勒弗莱斯蒂埃，《马塞尔·马丁，电影专业学生》。

2　M.马丁，《梅洛－庞蒂1949年5月4日课程“电影中的意义：电影语言如何让我们领会它想要表达的东西”》，第153页。

第六章　肉身之光：梅洛－庞蒂后期思想中的反柏拉图主义与新柏拉图主义要求

我热爱当今的艺术，因为

我所热爱的首先是光

——［法］纪尧姆·阿波利奈尔（Guillaume Apollinaire）

一种全新的光的理念

通过前文的讨论可以看到，梅洛－庞蒂在对电影的思考过程中对显现（l'apparaître）逐步递增的关注——现象学本身即得名于此——结合并支持着他对整体的强调，这也是格式塔心理学派强调知觉现象的不可分解性的原因。一方面，这使得他的思想产生转向，把知觉定义为**蒙太奇式**的、遵循一种特定逻辑将我们的身体与世界统于一体。另一方面，这引出了更为深刻的批判，对形而上学将真实反过来置于显现本身之外的思想的批判。这些批判令梅洛－庞蒂后期思想转而思考真实的给予，不再遵循传统上（由柏拉图的洞喻建立的）在事物显现出的迷惑人的幻影与散播真实的光线之间的对立原则，而将思想建立在一种**光与影之间本质的互补性**之上。那些坚持听完梅洛 - 庞蒂在法兰西学院的全部课程的忠实学生还记得——在他为《黑格尔之后的哲学与非哲学》所做的备课笔记中可以看到——他所寻找的正是“一种全新的光的理念”，他在课堂上解释道：

> 真实本身就是暧昧不明的（*zweideutig*）……而这种模棱两可（*Vieldeutigkeit*）并不是要从真实之光中去除的阴影。[1]

显然，这一观点也强调了有必要**从本体论的角度重新肯定存在所赖以显现的表面的地位**，不再将表面视为遮蔽真实存在的**幕纱**、一层终将被拉开或穿破的障碍，而是作为揭示存在面貌的**屏幕**——就如同背景与形象的关系或对频闪运动现象的知觉[2]——是使人们看见图像，看见其中真理的自行显现的决定性因素。因此可以说这一重建逐步确立了一种全新的设想真实的给予的方式，它从一种**戏剧式**的构形——再现（représentative）式构形的代表：随幕布开启而开启——转变为一种**电影式**的构形。

总而言之，对表面的本体论重建意味着将屏幕视为

1　M. 梅洛 - 庞蒂，《法兰西学院课程笔记（1958—1959 及 1960—1961）》，第 305 页。

2　在为 1952—1953 年法兰西学院讲座所做的备课笔记中，梅洛 - 庞蒂重点强调这两个现象的“同步一致”（MSME，65）。也可参见另一条笔记“运动 = 关联到对背景上的图像的感知”（MSME，63）。

视觉的可能条件，它与“一种全新的光的理念”、光与影不可分割的观点是统一的，因为正是作为背景的屏幕令人看到了光影一体、相辅相成的显现的真相。

在最后的课程中，梅洛－庞蒂列举了几位哲学家的观点来讨论这一问题，除了黑格尔、尼采[1]，还包括谢林［我将在下文结合弗朗切斯科·穆尔佐（Francesco Moiso）的著述对谢林作出分析，这位几年前不幸离世的意大利哲学家是谢林研究领域的重要专家[2]］、笛卡尔（对此我将不做正面论述）以及我们下文分析的重点，即普鲁斯特。此外，还不能忽略另一段梅洛－庞蒂后期文章和笔记中经常出现的对赫尔墨斯·特里斯墨吉斯忒斯（Hermès Trismegiste）的引用，它来自画家罗伯特·德劳奈（Robert Delaunay）写于 1921 年的一篇重要文章（后由保罗·克利翻译成德文[3]），梅洛－庞蒂只有一次在《眼与心》中清楚地标明了引文的出处。

在这篇题为《光》的文章结尾处，德劳奈提出“绘画正是一种光的语言”，而在得出这句结论之前他引用

1 尼采在《快乐的知识》第二版所写的前言（1886 年），我在本书第二章已经引用过其中一句话，梅洛－庞蒂也在书中引用过这句话的译文：“我们不再相信，若我们揭开覆在真理之上的**面纱**，真理还能继续保持她真理的地位。” M. 梅洛－庞蒂，《法兰西学院课程笔记（1958—1959 及 1960—1961）》，第 277 页。

2 关于梅洛－庞蒂在讨论“自然概念”的三门课中对谢林思想中表现出的“全新的光的理念”的分析，参见 F. 穆尔佐，《一种自然的理性：谢林与梅洛－庞蒂的共识》（Una ragione all'altezza della nature. La convergenza fra Schelling e Merleau-Ponty），*Chiasmi*，n°1，1998 年，第 83-90 页。

3 参见 G·琼森，《美的重建：论梅洛－庞蒂美学》，第 107 页起。

了《赫尔墨斯全集（皮曼德莱斯篇）》中的这句话：“随后便有阴影降临……接着是一声无言的呐喊，似乎是光的声音。”[1]

在《眼与心》中梅洛－庞蒂确言：“艺术正是赫尔墨斯·特里斯墨吉斯忒斯所说的‘无言的呐喊’，它‘好似光的声音’。而一旦出现，它将会在日常视觉中唤醒一种沉睡已久的预先存在（préexistence）的力量。……这内部的激荡、可见的闪耀正是画家以深度、空间、颜色的名义找寻的东西。”[2]

对赫尔墨斯·特里斯墨吉斯忒斯这句话的回应在梅洛－庞蒂另一门备课笔记中两次出现，跟《黑格尔之后的哲学与非哲学》一样，这门课也由于他的突然离世而未能完成：上一章我们已经提到过，这就是《笛卡尔本体论与当今本体论》。他在这门课的笔记中指出，当代艺术与文学不约而同地表达出一种本体论层面的转变，并且做出了更为具体的分析。正是在这一评价基础上，在引用了赫尔墨斯·特里斯墨吉斯忒斯的观点之后，他提出了德劳奈的绘画观点。这些观点从看（voir）和被看见（être vu）的互逆关系出发描述绘画行为，在梅洛－庞蒂看来这一描述极具代表性，也就是说，通过对（主

1　D. 德劳奈，《光》（La Lumière），收入《从立体主义到抽象艺术：德劳奈未发表文摘》（*Du cubisme à l'art abstrait. Cahiers inédits de R. Delaunay*），P. Francastel 编，巴黎：SEVPEN，1957 年，第 150 页。

2　M. 梅洛－庞蒂，《眼与心》，第 70-71 页（中文版第 76 页）。

动）行为与被动承受的不加区分，呈现出存在自身的自反性，或者用新柏拉图主义的观点来说，“光”的自反性（以声音来）自我表达。总之，这样的表述摆脱了笛卡尔本体论设定的主体与客体（对象）的相互对立，实际上，梅洛－庞蒂第二次提到赫尔墨斯·特里斯墨吉斯忒斯，正是在作为笛卡尔理论的对立的“自然光”与“光的呐喊”这篇笔记中[1]。

在同样的笔记中，用来描述当代文学的词语也与此类似，我们上文提到，梅洛－庞蒂对普鲁斯特的作品做了重点分析，尤其是在某些段落中，他认为自己发现了一种特定的对理念的表达：“我们说柏拉图主义，但这些理念并没有被明明白白的理性日光所照亮，它们更接近于可见之光。”[2] 鉴于此，梅洛－庞蒂在普鲁斯特笔下看到的“光的全新理念”恰恰来自一种反柏拉图主义思想。令人惊异的是，梅洛－庞蒂的论述与新柏拉图主义代表作《赫尔墨斯全集（皮曼德莱斯篇）》（*Le Pimandre*）中的语句有众多相似之处。

没有被理性之光照亮的理念：普鲁斯特

梅洛－庞蒂所评论的普鲁斯特作品片段在本书上

1 M. 梅洛－庞蒂，《法兰西学院课程笔记（1958—1959 及 1960—1961）》，第 182 页。

2 M. 梅洛－庞蒂，《法兰西学院课程笔记（1958—1959 及 1960—1961）》，第 194 页。

一章已经出现过，因为它们在他的思考中反复出现。在《追忆似水年华（1）：在斯万家那边》中普鲁斯特对“音乐理念”——也包括文学理念，以及“光、声、凹、凸、肉欲等概念，它们潜伏在心灵之中，而我们的内心世界之所以如此多彩多姿、绚丽斑斓，正是由于这些丰富的精神财富”——与“智性理念”做了区分，前者的特征是“处于幕后的阴影中”，因此是“智性无法洞穿的，但（它们）彼此间特征明确，在价值和意义上都并不均衡”[1]。

由于对这段描述的评论同时出现在课程笔记与梅洛 – 庞蒂去世前写下的《可见的与不可见的》手稿中，因此它们有着特殊意义，我们可以从中看到梅洛 – 庞蒂观点的前后发展[2]。

如我们所知，在后面的手稿中他将普鲁斯特描述的“理念”定义为“感性的”[3]，以示它们与自身的感性呈现不可分割。因此，它们一方面被呈现于我们感性的有限存在面前，另一方面，与“智性理念”不同，它们并不能被分离为可被直接领会（activement sassisable）的确凿实体。这就是为什么梅洛 – 庞蒂选择了从反柏拉图主义的角度来阐释普鲁斯特的观点。

1　本书中对普鲁斯特的引用皆出自《追忆似水年华（1）：在斯万家那边》，第343-345页。

2　拙作《不可见的可见性：梅洛 – 庞蒂在塞尚与普鲁斯特之间》（第132页）中对《可见的与不可见的》一书中的评论曾做出分析。

3　参见 M. 梅洛 – 庞蒂，《可见的与不可见的》，第198页（中文版第187页）。

而在课程笔记中，思考的重点在于探讨普鲁斯特出于什么动机将这些理念与光联系起来[1]：例如上文中他将其比作“可见光”，而不是笛卡尔的心灵直观（intuitus mentis）之光[2]。实际上，普鲁斯特写道：

> 只要我们活着，我们就不可能不认识它们，正如我们不可能不认识一个具体的物体一样，也正如当我们的房间里点上了灯，屋里的物体都产生了变化，对黑暗的回忆也已不复存在，我们便不可能怀疑灯光的存在。[3]

梅洛－庞蒂评注道：“光并非一种感质（quale）[4]，而是**晦暗**（obscurité）的不可能……光亮（luminosité）是存在的结构：光是存在的永恒特征（Éternité de la lumière pendant qu'elle est）。”[5]

与光一样，梅洛－庞蒂解释道，随着维尔迪兰奏鸣曲响起而涌上心头的“关于爱情和幸福的观念”因

1 M. 梅洛－庞蒂，《法兰西学院课程笔记（1958—1959 及 1960—1961）》，第 194 页。

2 M. 梅洛－庞蒂，《法兰西学院课程笔记（1958—1959 及 1960—1961）》，第 194 页。

3 M. 普鲁斯特，《追忆似水年华（1）：在斯万家那边》，第 344 页（中文版第 347 页）。

4 感质 quale、qualia，也被称为感觉质、感受质或感受性等。这个词最早由 20 世纪初的美国哲学家 C. I. 刘易斯（Clarence Irving Lewis）提出，指作为客观性质独立存在的感官感受现象。——译者注

5 M. 梅洛－庞蒂，《法兰西学院课程笔记（1958—1959 及 1960—1961）》，第 193 页。

此“打开了一个世界、一小段永恒、一个从此无法剥夺、不可分割的维度——在特殊性（singularité）之上绽放的普世性（universalité）”[1]。所以，如果说“可见的概念类似于那些音乐理念”，梅洛－庞蒂观察到，那是因为它们彼此都是“散发光芒的存在”（présence par rayonnement）[2]。因为，他继续写道，“不管是这里或那里，不管在光线中还是在音乐理念中，我们都感受到了一种并非我们眼前所见，而是在它们身后的理念”[3]。由于这种超验性，我们无法占有这些理念，也就是无法将它们作为概念来把握，因为它们就像光线一样无法抓住，恰如光线一般，这种超验性迫使这些理念在它们刹那闪现之处显露自身：这就是为什么一种独特的爱的理念会随着那段奏鸣曲的响起而突然涌上心头，在过去，它曾是斯万与奥黛特“爱情的国歌”。

正因如此，当普鲁斯特写到这些“光、声、凹、凸、肉欲”等概念是“令我们的内心世界如此多彩多姿、绚丽斑斓的精神财富”，它们装点着“我们的心灵所处的未被探索、令人望而生畏的黑暗，而我们原以为那里空无一物，仅是虚无”，梅洛－庞蒂评论道：“所以，心

1 M. 梅洛－庞蒂，《法兰西学院课程笔记（1958—1959 及 1960—1961）》，第196 页。

2 M. 梅洛－庞蒂，《法兰西学院课程笔记（1958—1959 及 1960—1961）》，第196 页。

3 M. 梅洛－庞蒂，《法兰西学院课程笔记（1958—1959 及 1960—1961）》，第196 页。

灵及那些无形之物所属的黑暗现实——并非乌有——但需要‘披上’可见的外衣——它就像是可见的反面（l'envers du visible）。”[1] 总之，正如普鲁斯特写的那样，这一“现实”将歌颂“我们面向死亡的命运”，它深藏于我们的体验之中，好似其中“交织的铭言或衬里”，至少偶尔会在“感性的梦境中”[2] 显现。感性理念与生活的不可分割构成了梅洛 – 庞蒂所称的“小段永恒”（une petite éternité），这也再次体现了上一章结尾处讨论的神话时间的坚不可摧。

此外，梅洛 – 庞蒂在这里重点参照了光的例子来阐释感性（sensible）与理想事物（idéal）的关系，但他与新柏拉图主义还是显示出极大差距，因为在后者看来，光并不是**可见的**（visible），而是**形而上的**（métaphysique）。实际上，根据新柏拉图主义观点，感性的价值在于它能够不断唤起一种超感性**相异性**，它为人类打开了——本书第三章帕诺夫斯基在谈到普洛丁的时候强调了这一点——“一种通达理念世界的视角，但同时又在上面覆着幕纱”[3]。

在这一章开头我们提到了梅洛 – 庞蒂对尼采的引

1　M. 梅洛 – 庞蒂，《法兰西学院课程笔记（1958—1959 及 1960—1961）》，第 195 页。

2　M. 梅洛 – 庞蒂，《法兰西学院课程笔记（1958—1959 及 1960—1961）》，第 194 页。

3　E. 潘诺夫斯基，《理念：古代艺术理论中一个概念的变迁》，第 47-48 页（中文版第 565-657 页）。

用[1]，按照他的思路，感性的"幕纱"问题被彻底改造：这幕纱不再**遮掩**理念，而是**使人看见它**——光正是构成这一幕纱的重要元素之一，从而它才能赋予理念散发光芒的可能。既然如此，那梅洛－庞蒂所指出的"关于光的全新理念"和赫尔墨斯·特里斯墨吉斯忒斯对光的特征的归纳之间究竟有什么共同点呢？

为回答这一问题，我们需要参考梅洛－庞蒂在后期手稿中第四次对这段文字的引用。这篇手稿出现在《文章草稿》中，日期是 1960 年 10 月，本属于《可见的与不可见的》一书中《探究与直觉》这一章，但后来从这章中被删去，并与其他后期课程笔记一起以《今日哲学的可能性》为题最终发表，构成了对题目所示问题的讨论。在论述中，梅洛－庞蒂特别提出反对回归哲学传统，将"语言视为其自身与存在之间的一层屏障"的倾向[2]。对此他指出，言语，也包括哲学话语，早已预先作为一种"不言而喻的意义"[3]自行组构，形成于我们的感性经验中——这就是他在《知觉现象学》中继胡塞尔之后提出的"感性世界的逻各斯"，在一则《可见的与不可见的》笔记中他又从另一种传统角度出发，称其为"唤起言语逻各斯（logos prophorikós / λόγος

1　见前文第 125 页注释 1。

2　M. 梅洛－庞蒂，《法兰西学院课程笔记（1958—1959 及 1960—1961）》，第 372 页。

3　M. 梅洛－庞蒂，《法兰西学院课程笔记（1958—1959 及 1960—1961）》，第 373 页。

προφορικός）的暗示的逻各斯（logos endiáthetos / λόγος ἐνδιάθετος）”[1]：也就是此处论述中与“赫尔墨斯·特里斯墨吉斯忒斯所称的‘光的呐喊’”[2]相对应的概念（我们此前已经提到过这则笔记，并将在下文做出进一步分析）。

所以，如果说梅洛－庞蒂所谈的语言之“幕”并非我们此前坚信的那样是对存在的观照中不可逾越的障碍，而是向哲学提供自身，从而勾勒出“言语逻各斯”的存在，这是因为言语表达的正是意义的“呐喊”的呼唤和求助，而这意义自身，在另一幅屏幕、另一片面纱上**发散出自己的光亮**：那就是**感性**之幕，它并非柏拉图主义所言是一种遮掩的手段，而最终成了**使人们看见**的可能。

撒布逻各斯之光：谢林

这样一种路径解释了为什么——正如前面穆尔佐强调的——“梅洛－庞蒂指出谢林《自然哲学》（*Naturphilosophie*）中最重要的契机就是光的概念的提

1 M. 梅洛－庞蒂，《可见的与不可见的》，第 224 页（中文版第 210 页）。梅洛－庞蒂曾多次谈到分别由犹太哲学家斐洛（Philon d’Alexandrie）和普鲁塔克（Plutarque）提出、后经教会长老（Pères de l'Église）进一步阐释的对暗示逻各斯与言语逻各斯的区分，参见 P. Burke，《梅洛－庞蒂与谢林的创造力与无意识理论》（La créativitá e l’inconscio in Merleau-Ponty e Schelling），*Chiasmi*，n°1，1998 年，第 56 页。

2 M. 梅洛－庞蒂，《法兰西学院课程笔记（1958—1959 及 1960—1961）》，第 373 页。

出”[1]。实际上穆尔佐指出，梅洛－庞蒂在这一概念中准确抓住了自然中存在“漫射的理性”[2]的观念，自然因此才能充分做好准备（pré-tendre）“言说—接收”**逻各斯**[3]。这就是为什么梅洛－庞蒂引用了雅斯贝尔斯的论述[4]，指出谢林并不赞同费希特提出的“光只不过是一种中介，‘并不是**自然内部**’（eingebildet）的原初（Urwissen）、永恒的知识的象征”[5]的观点。

因此，梅洛－庞蒂认为，谢林也赞同“光亮是存在的结构”，以至于他在论述时借用了他自己特有的术语，提醒我们“否定这种……存在的意义，就是切断与自然之间的全部身体（charnel）联系”[6]。实际上，只有当光亮在这个将我们囊括其中的存在整体之中**以结构性的方式发散出来**，（因此它也保持了**与阴影之间的本质联系**），它的光芒才能以一个意义**为中心**汇聚起来，梅洛－庞蒂紧接着指出，而这个意义“若没有人的参与和达成，也是不完整的”[7]。换句话说，只有当它**已经散布于**（我们也身处其中的）**肉身之中**，只有通过我们，这种光亮才能**汇聚于**一个核心意义之上，而不需求助于

1　F. 穆尔佐，《一种自然的理性：谢林与梅洛－庞蒂的共识》，第 85 页。
2　F. 穆尔佐，《一种自然的理性：谢林与梅洛－庞蒂的共识》，尤见第 83-84 页。
3　F. 穆尔佐，《一种自然的理性：谢林与梅洛－庞蒂的共识》，第 83 页。
4　参见 K. 雅斯贝尔斯，《谢林》（*Schelling*），慕尼黑：Piper，1955 年，第 291 页。
5　M. 梅洛－庞蒂，《自然：法兰西学院课程笔记》，第 66 页。
6　M. 梅洛－庞蒂，《自然：法兰西学院课程笔记》，第 67 页。
7　M. 梅洛－庞蒂，《自然：法兰西学院课程笔记》，第 67 页。

外部的形而上或主观主义原则（后者乃是前者的一种变体）。

因此，穆尔佐指出，在梅洛－庞蒂对谢林的评论中，有几行论述“显示了梅洛－庞蒂思想中至关重要的一部分以及他对谢林观点几乎亦步亦趋的重述”[1]。段落如下：

> 光可以被视为物质；但光还是别的东西，微妙而难以捉摸，渗透于各处，它探索着目光所及的视野，并将其塑造为可辨识的。光是一种在外观中任意游走的概念；它并没有主观的存在，除非当它变成为我们（pour nous）的。光并不通晓这世界，但我借助光才能看到世界。[2]

对此穆尔佐评论道：“因此光是一种知识，因为对世界的知识离不开光的照耀，但同时，这种知识仅仅是一种借助它看到世界的可能性……正如谢林在 1804 年提出的漫射的理性，他通过这种方式将尚未成形的知识塑造成同时既是知识，也是知识产生的基础。”[3]

黑暗与光的声音：赫尔墨斯·特里斯墨吉斯忒斯（肉身作为场域chôra）

鉴于以上观点，让我们回过头来思考赫尔墨斯·特

1 F. 穆尔佐，《一种自然的理性：谢林与梅洛－庞蒂的共识》，第 85 页。
2 M. 梅洛－庞蒂，《自然：法兰西学院课程笔记》，第 67 页。
3 F. 穆尔佐，《一种自然的理性：谢林与梅洛－庞蒂的共识》，第 86 页。

里斯墨吉斯忒斯的那句话。或许还要再进一步，回溯到梅洛－庞蒂的引文、德劳奈评论的最终出处《皮曼德莱篇》。梅洛－庞蒂在提到这句话时总是转引德劳奈文章中的引文，从未直接引用原文的法语译文，尽管这一文献早在 1945 年就正式由安德烈－让·费斯图耶（André-Jean Festugière）译为法语并出版[1]。

这段话出自《皮曼德莱篇》的开头，皮曼德莱向信徒描述了他在静观中获得的视觉启示：

> 突然间，事物在我面前豁然开朗，我眼前展开了一片无边际的视野，万物皆为光，澈静喜乐，而眼见于此，我不由得迷醉其中。俄而，一袭阴影慢慢沉下，毫无预兆，阴郁可怖，螺旋状卷曲蜿蜒，于我眼中好似一条巨蟒。随后暗影融为水质，旌摇之势不可形状，又云蒸雾集似浴火而出，其声呜咽难以言表。已而，爆发出一声混沌的呐喊，仿如火的声音，同时随着光的迸射……神道（Verbe saint）覆于自然之上，纯净之火挣脱湿漉的自然直冲上云霄净土。[2]

显然，在这里我们看到的是宇宙起源的景象，它对

1　赫尔墨斯·特里斯墨吉斯忒斯，《赫尔墨斯全集》（*Corpus Hermeticum*），第一卷《皮曼德莱篇》（*Poimandrès*），Ⅰ—XII，A.D. Nock 编订，A.-J. Festugière 译，巴黎：Les Belles Lettres，1945 年，第 7-28 页。

2　赫尔墨斯·特里斯墨吉斯忒斯，《赫尔墨斯全集》（*Corpus Hermeticum*），第一卷《皮曼德莱篇》（*Poimandrès*），Ⅰ—XII，A.D. Nock 编订，A.-J. Festugière 译，巴黎：Les Belles Lettres，1945 年，第 7-28 页。

应了柏拉图在《蒂迈欧篇》里描述的创世主重建宇宙的神话。《蒂迈欧篇》第二部分中讲到，这一重建将世界构成的种类从两类扩展为三类：

> 实际上，原先划分的两类对此前的讨论来说，那是足够了。我们先是设想了永远恒定的理性原型，接着谈到了这原型的摹本；摹本是派生的、可见的。还有第三类存在我们尚未涉及。原来以为那两类存在就够了，现在看来不行。这第三类存在不易说清楚，也不易看清楚。我们该如何看待它的本性呢？我们说，它是一切生成的载体，如同养育者（τιθήνην）。[1]

这里引入的第三种类型就是场域（chôra），柏拉图借助神谱将它与其他两种类型联系起来。对这一类型的构建使他得以从亲源演变的角度思考宇宙起源问题：

> 就目前来看，我们要弄清这三种存在：首先，在生成中的东西；其次，生成过程的承载体；最后，被生成物所模仿的存在。打个比方，我们把承载体称为母亲，原型称为父亲，两者合而为一则是孩儿。我们还注意到，如果各种原型在形式上的差别一眼可见，那么，模式所压模于其上的材料就必须是无形式的，不具有任何从别处接受、承

1　柏拉图，《蒂迈欧篇》（*Timée*），49a，《柏拉图全集》（*Œuvre complètes*），第10卷，A. Rivaud编译，巴黎：Les Belles-Lettres，1925年，第167页（中文版谢文郁译，上海：上海人民出版社，2005年，第33页）。

载的形状；否则的话，它就不是合格的铸造材料。[1]

而皮曼德莱也用了这一亲源延续的观点来解释前面引文中的天启幻觉：

> 这光……就是我，我们，你的神，在这潮湿的自然尚未从黑暗混沌中诞生之前就已然在世的存在者。而那来自我们中间的散发着光辉的神道，那是神之子。[2]

让我们把注意力集中于柏拉图从亲缘谱系角度对“这从黑暗混沌中诞生的潮湿的自然”——也就是chôra——的描述：

> 因此，母亲和载体，这个承受一切被造物及一切可见可感物的存在，不能和土、气、火或者水，或它们的复合物，或产生它们的元素，等等，同一而语。如果我们说它是一种不可见的（νόρατον）无形式的（ἄμορφον）存在，承受一切事物，并以神奇的方式有了理性，尽管难以理解，这也绝非虚妄之言。就我们根据前面的讨论所得到关于它的知识而言，我们可以肯定地说，在这现实整体之

1 柏拉图，《蒂迈欧篇》（*Timée*），49a，《柏拉图全集》（*Œuvre complètes*），第10卷，A. Rivaud 编译，巴黎：Les Belles-Lettres，1925年，50c-e，第169页（中文版第34页）。

2 赫尔墨斯·特里斯墨吉斯忒斯，《赫尔墨斯全集》第一卷《皮曼德莱篇》，第8页。

中，被灼烧的部分即显现为不断扬起的火焰；被湿润的则为水质；而呈现为土或气的就是那被印上土或气的图像（μιμήματα）的部分。[1]

根据这种谱系观点，柏拉图的 chôra 概念实际上就是模型中的"第三种类型"，它自第一种类型——恒定的原型、理念——处继承到**图像**（μιμήματα），并据此生成感性摹本。

但是，梅洛－庞蒂似乎从德劳奈引用的皮曼德莱的描述中看到了一种不依照先有原型的"类型"，它是**既形式难辨又特征宛然**[2]的浑然一体，因为正是从这些黑暗中绽放出"那无言的呐喊，好似光的声音"。因此这种"类型"同时有着模糊晦暗的形式和光亮的结构，它的传播过程既区别于有生命的物也区别于无生命的物，换句话说，它既与这两者有着明确区别，又保持了与它们这种晦暗模糊的"共同存在"，梅洛－庞蒂曾多次引用阿纳克萨戈拉（Anaxagore）的这一说法[3]，来指代它们缔结于同一肉身之上的状态。这一本体论原则似乎正是（并非"第三类型"，而是一种**处于不断分化之中的差异性统一整体**）梅洛－庞蒂所命名的"肉身"或者在对谢

1　柏拉图，《蒂迈欧篇》，51a-b，第 169-170 页（中文版第 35 页）。

2　这一阐述的灵感来自 J.-J. 乌南布尔瑞，《图像哲学》（*Philosophie des images*），巴黎：PUF，1997 年。

3　见本书第一章第 2 页注释 4。

林的讨论中称其为“自然”。关于后者，我们毫不意外地在一则《可见的与不可见的》笔记中看到：“这是肉身，也是母亲。”[1]

因此，梅洛－庞蒂试图定义的**场域**并不是由来自先决存在的外部原型的**光芒**所照亮、塑造的，而是从场域自身之中分化出各图像（形式）——**因此在光芒中显露自身**——并且它们彼此辉映共鸣，最终将沉积确立为原型，也就是**后发产生的原型**（modèles produits）。所以后者与图像保持着深层的联系，两者是**不可分割**的，就如同普鲁斯特所描述的“感性理念”向我们呈现的那样。我们在前面讲到，描述理念显现在肉身之上，并且与肉身不可分割——不管后者是感性的面纱还是语词的屏幕——也就是在描述一种**始终以隐隐内含的方式透露出来**的光线。因此，肉身之光具有双重意义：首先是照亮了肉身的光线，这一点毫无疑问，但同时它也是由肉身透射出的光线。就是这种光线，在德劳奈的引文里，被赫尔墨斯·特里斯墨吉斯忒斯比喻为从黑暗的中心散发出来的呐喊。

对于梅洛－庞蒂来说，肉身作为一种差异化的可见性，因此是可能性的前提：其中蕴含了它结构上的光亮性。所以成为可见的就意味着停止那种勾勒出事物独立轮廓、切断**与其相连**的阴影的光线；只有在这阴影与产生

1 M. 梅洛－庞蒂，《可见的与不可见的》，第 321 页（中文版第 342 页）。

阴影的光亮分隔开，也就是说，当我们假装这光亮与阴影之间没有**本质的**联系时，它才是具有欺骗性的、虚假的。

此外，考虑到新柏拉图主义关于神创造图像（创造形式）的理论，我们也可以将梅洛－庞蒂试图定义的界域视为图像创造可能的前提——如谢林所言，这一创造最终是由我们来完成的——而随后图像则作为**原型**被回忆起来。

以上所有因素都可以在《可见的与不可见的》书中一则笔记中找到解答，我们在前面已经引用了这段话，其中提到了柏拉图场域概念的一项重要特征，我们将用它来结束本章的论述：

> 我在谈到绘画时所说的“无定形”的知觉世界，——也是绘画不断颠覆自身的灵感源泉，——它不具有任何表达模式，却召唤着、要求着一切，并督促着每一位画家寻找一种全新的表达——这个知觉世界……超越了所有绘画、所有语言、所有“态度”，所有……哲学从它的普遍性上把握它，它似乎包含了所有无法言表之物，并启迪着我们去将其创造出来（普鲁斯特）：这就是唤起言语逻各斯（λόγος προφορικός）的**暗示逻各斯**（λόγος ἐνδιάθετος）……[1]

1　M. 梅洛－庞蒂，《可见的与不可见的》，第 223-224 页（中文版第 210 页）。

第七章　在生活与哲学之间的感性理念

非常规哲学（a–philosophie）

我们知道，梅洛–庞蒂在《眼与心》中指出，现代绘画令他看到当今时代人与自身、与他人、与事物和世界的关系——对他来说正是这些联系和纽带构成了大写的存在（Être）——表现出与过去截然不同的特征[1]。

为什么梅洛–庞蒂将这一点与绘画联系在一起？因为20世纪绘画公然反对所有模仿论，正如本书第三章开头保罗·克利所宣称的那样："艺术并不复制可见之物，它使人们看见。"而反对模仿论意味着反对这样一类观点：世界是铺陈在我们眼前的景观、绘画的职责是对其进行**再现**；画布就好像一扇窗或一面镜子，而图像就是"处于第二位的东西"。所以反对模仿论也同时意味着重新思考我们以往用来描述人与存在关系的诸概念，比如主体与客体之间的**对立**——正是基于这一模式，客体才被视为处于我们面前之物。在这种传统观点中，世界作为外在于我的"大客体"，并不把我本身包含在内：它构成了我意图（在画布上或者在思想中）再

1　M. 梅洛–庞蒂，《眼与心》，第63页（中文版第70页）。

现的景观。这就是为什么在《眼与心》中梅洛－庞蒂写到，任何绘画理论都是一种形而上学[1]，他的意思是每种绘画理论在观念上都设定了与存在的一种特定的关系。

但在梅洛－庞蒂看来，这种人与存在关系的转变并非仅仅体现在绘画之中：他讲述了科学，尤其是 20 世纪各**科学门类**在这一时期如何改变了我们对自然的认识；指出这种对自然的科学认识的变化，实际上是一种本体论层面的整体转变，而这种转变是非常必要的，必须大力提倡[2]。在他看来，这一转变已经是现实的进程，我们也应同时积极促进其发展。

梅洛－庞蒂在多种不同领域都看到了这一变化的萌发——例如绘画和生物、物理学科等——并且发展方向都基本一致，因此他谈到了一种"根本性的思想"[3]，一种还有待发展的、尚未获得清晰表述的哲学，也就是说，这种思想还没有找到合适的态度和语言来以西方传统中称之为"哲学"的方式表述自身。

鉴于这一思考的方向和目的，梅洛－庞蒂后期思想向我们提出了这样一个不可回避的问题：如果自然科学与绘画创作（以及文学、电影、音乐创作等其他艺术创作）体现出了人与存在之间一种全新的关系，西方传

---

1 M. 梅洛－庞蒂，《眼与心》，第 42 页（中文版第 54 页）。

2 M. 梅洛－庞蒂，《自然：法兰西学院课程笔记》，第 265 页。

3 M. 梅洛－庞蒂，《法兰西学院课程笔记（1958—1959 及 1960—1961）》，第 163 页。

统中的哲学观念是否能用适当的态度和语言来表述这一转变呢？又或者，我们是不是有必要对“哲学”这一观念进行重新思考？倘若如此，又应该对哲学的观念做出怎样的转变，才能表述出人与存在关系的转变？哲学理念需要经历的这一转变似乎势在必行，但它本身是否可行？换句话说，即使我们在头脑中坚持这样的原则，经历了这样的转变之后哲学是否还能保持今日的样貌？

为了回答这些问题，在法兰西学院的最后几节课上，梅洛-庞蒂一方面对**某一特定的**哲学传统——也是他所依循的传统——进行了分析，其中笛卡尔哲学占据了不容置疑的核心地位，而胡塞尔和海德格尔哲学作为现象学运动的核心力量，也是分析不可或缺的方面。另一方面，梅洛-庞蒂还以此为他称为“非常规哲学的历史”[1]的特殊思考形式寻找理论支持。

他将其描述为一种线性发展——在他看来这种思想从黑格尔、马克思、克尔凯郭尔直到尼采一脉相承，随后在胡塞尔和海德格尔那里得到延续——尽管以上众家之言有着诸多理论分歧，他们的思想中却都包含着同样的意图，每个人都以自己的方式将哲学传统中被排除于研究范围之外的经验领域纳入思考范围。他们的哲学都采取了“非哲学”（non-philosophie）的立场。例如，黑

1　M. 梅洛-庞蒂，《法兰西学院课程笔记（1958—1959 及 1960—1961）》，第 278 页。

格尔在他的精神现象学的根本原则中强调存在的**显现**所包含的理性，强调经验而贬低抽象思考，甚至强调生命贬低理论（尼采借查拉图斯特拉之口说："我恳求你们，我的兄弟们，请忠实于我们脚下的大地"）强调此处而非彼处：对于梅洛－庞蒂来说，这都是在尝试以非哲学思考来对抗传统哲学建立已久的自我认识。

梅洛－庞蒂所说的"非常规哲学"，指的是一种承认、接纳**非哲学**的观点，借此从根本上改变**哲学**的身份。我们在《黑格尔之后的哲学与非哲学》课程笔记的开头部分可以明确看到这样一种诉求：

> 这是一种……意欲以非哲学身份存在的哲学……它向绝对敞开自身，并非作为"彼处"（au-delà）、处于第二位的实存，而是作为另外一种次序，它决定了"此处"（en-deçà）、副本（double）只能经由自身而被理解——真正的哲学是对哲学的嘲讽，它是非常规哲学。[1]

这段叙述令我们得以推测梅洛－庞蒂所预期的这项哲学工程的规模。但他在 53 岁那年的突然离世令这一研究计划戛然而止：目前我们手头的线索完全不足以重现当年这一思想规划下的宏伟蓝图。仅有的资料显示，

1　M. 梅洛－庞蒂，《法兰西学院课程笔记（1958—1959 及 1960—1961）》，第 275 页。关于"非常规哲学"，请参见拙作《思考感性：梅洛－庞蒂的非常规哲学》（*Thinking of the sensible: Merleau-Ponty's A-Philosophy*），埃文斯顿：Northwestern University Press，2004 年，第 14-27 页。

它在对20世纪自然科学各学科、当代绘画、文学、音乐创作的经验和某些传统哲学流派的思考中得到了逐步发展和明确。梅洛-庞蒂在谈到胡塞尔时，提出要勾勒出“一种思维界域的范围”[1]，这一范围由各种问题、追问所界定，而我们只能通过不断的“重新思考”[2]才能将其贯彻到底。

在梅洛-庞蒂看来，很多文化问题不约而同地提出了对人与存在全新关系的表达，而我们知道，在这一运动中，马塞尔·普鲁斯特和他的小说《追忆似水年华（1）：在斯万家那边》占据了核心位置，梅洛-庞蒂在《可见的与不可见的》一书中写道：“没有人像普鲁斯特那样深入地探讨可见的与不可见之间的关系，描述一种并非与感性相对立而是作为感性的内里和深度的理念。”[3]这句话让我们再次看到为什么梅洛-庞蒂在生命后期的哲学思考中将普鲁斯特视为极为重要的参照物，我们接下来将对这一阶段的特征加以介绍。实际上，它再次指出，一种能够展现我们与存在的新型联系的哲学表达将借助对可感的和可知的关系的全新描述，也就是借助一种非柏拉图主义的理念——以及图像——理论，在梅洛-庞蒂看来，没有人比普鲁斯特更贴近这一思考。

1 M. 梅洛-庞蒂,《哲学家与他的影子》(Le philosophie et son ombre)，见《符号》，第202页（中文版第198页）。

2 M. 梅洛-庞蒂,《哲学家与他的影子》(Le philosophie et son ombre)，见《符号》，第202页（中文版第198页）。

3 M. 梅洛-庞蒂,《可见的与不可见的》，第195页（中文版第184页）。

显然，一种关于理念的理论必然会探讨理念的生成，或者说观念化（idéalisation）理论，而这一理论本身又包含了对主动性和被动性关系的全新理解，传统上对这两者的区分划定了通常所说的“**理念产生之处**（lieu）”——我们称之为“主体”。但对这个问题的讨论只能建筑在梅洛－庞蒂遗留的思想残篇之上。因此以下思考仅是我在这一问题上的个人见解[1]。

理念与空穹的同时诞生

这意味着，要了解梅洛－庞蒂在普鲁斯特作品中看到的非柏拉图主义意图来自怎样的观念化理论、理念的生成，我们将首先从梅洛－庞蒂本人的一段论述中找到回答：

> 当我们创作出（inventer）一段旋律，就好像是旋律自己在我们身上唱响，而不是由我们在把它唱出来；它从歌者的喉咙流泻而出，就像普鲁斯特写的那样……身体似乎系于歌声之上，那旋律在他身上获得了生命，令他成为一种仆人般的存在。[2]

我们是不是可以说，这段话描述了一个理念的生成？起码在我看来是这样的。我们眼前的句子描述了一

1　关于这一主题，请参见拙作《普鲁斯特与感性理念》。

2　M. 梅洛－庞蒂，《自然：法兰西学院课程笔记》，第 228 页。

个音乐理念的诞生——我们称之为“旋律”。但是像引文中描述的那样，当我们构思一段旋律，“就好像是旋律自己在我们身上唱响，而不是我们在把它唱出来”，观念的形成因此包含了一种态度，我们在前面提到，梅洛–庞蒂在其他文章中也曾称之为“**任由存在**”（sein lassen）：如果在我们创作一段旋律的时候，它真的“自己在我们身上唱响，而不是由我们在把它唱出来”，可以因此推断，创造是一种“**任由存在**”，它——如梅洛–庞蒂此处所示——给予世界和事物“它们所要求的共鸣”[1]。

让我们再回到前面这段引文：“当我们创作出一段旋律，就好像是旋律自己在我们身上唱响，而不是由我们在把它唱出来；它从歌者的喉咙流泻而出。”我们几乎可以说，这种“创作”作为“任其存在”，其实包含着一种**迎接**（accueillir），即在与世界的相遇中达成的一致，其中同时包含了三层意思，而三者根本上又是一致的：任这种相遇自由发展，就是任**自己**在其中自由存在，并与之产生呼应和共鸣。实际上，正是通过这种方式，歌者以自己的身体迎接着旋律的到来，任其从喉咙流泻而出，在他的身上唱响。但如果这种描述是真实的，作为旋律的创作者，当我们以这种方式迎接它的到来，反过来又该怎样定义自身呢？我们可以说自己就像

1 M. 梅洛–庞蒂，《可见的与不可见的》，第 138 页。

是**空窍**（creux），迎接着旋律、迎接着理念的诞生。

显然，如果将我们的空窍—存在理解为——像柏拉图所界定的**场域**一样[1]——一个纯粹而简单的理念“接收处”，必然是错误的。原因至少有二：其一，这意味着空窍在理念产生**之前**就已经存在了，也就是仅仅将它视为理念的容器。换句话说，这种观点将我们视为纯粹的消极存在。其二，将我们自身简化为一个简单的接收处，始终等待理念的到来，意味着这理念此前已经“在别处”存在，又刚好在某天从天而降，落入一个同样预先准备好的空窍中，也就是降临在我们身上。

鉴于此，更为恰当的方式其实是将理念的诞生和空窍的诞生——严格说来我们已经不能再称其为“主体”——理解为对同一事件的两个方面的描述，我们也可以将其描述为一种**相互的回响共鸣**（mise en résonance réciproque）。这一事件（événement）恰恰包含了理念与我们的空窍—存在的同时到来。因此我们也不必去追究这一事件究竟是发生在我们身上还是外在于我们自身，因为它同时**既在内部又在外部**，发生在相遇之中，作为内部与外部的相遇：这样一种相遇的事件不可避免地被刹那的**惊奇**（choc）所照亮。作为一次相遇，它自行发生，穿越那将我们联系于世界之上的（被梅洛－庞蒂称为“肉身”的）差异性组织结构，并通过（德勒

1　见本书第六章第 130 页注释 2。

兹所说的）相似性或同一性**作用**（effet）[1] 在组织整体引起共鸣，在这种情况下，我们将其称为“理念”。这一相遇事件同时还激发了“一种折叠（repliement）、内褶（invagination）”——有意思的是，梅洛－庞蒂和德勒兹都使用了同样的术语[2]——是将肉身组织的一面折叠起来，在中央形成作为共鸣腔的空窍，从而迎接理念的到来并使相遇中**乍现的**理念得以沉积下来。

因此，空窍并非先于理念而存在，反之亦然，这两者——我的**成为－空窍**（mon devenir-creux）令旋律得以在其中获得共鸣，而旋律通过共鸣获得自身形式——共同浮现：用保罗·克洛岱尔的话说，它们“**共同－诞生**”（co-naissent）[3]，也就是说，它们一同诞生，其中**并无主动和被动之分**。实际上，这段梅洛－庞蒂的引文与本书第四章提到的莫比乌斯环包含同样的观点：其中

1 “相似性长期留存，但它是图像的外部作用的产物，因为它由各种不同系列构成，并且在它们之间引起回响”（G. 德勒兹，《意义的逻辑》，第 303 页）。

2 参见 M. 梅洛－庞蒂，《可见的与不可见的》，第 199 页（中文版第 188 页），以及 G. 德勒兹，《褶子，莱布尼茨与巴洛克》，第 12 页。

3 P. 克洛岱尔，《论世界与自身的共－生》（Taité de la Co-naissance au monde et de soi-même），发表于《诗艺》（*Art Poétique,* 1907），巴黎：Gallimard，1984 年。此外，E. 德·圣欧贝尔在《梅洛－庞蒂与克洛岱尔的“共—生”》（La “co-naissance”, Merleau-Ponty et Claudel）一文中也探讨了这一问题，见 M.Cariou，R.Barbaras 与 E.Binbenet 联合主编，《梅洛－庞蒂与不可见的边界》（*Merleau-Ponty aux frontières de l'invisible*），Cahier de *Chiasmi International*，n°1，米兰：Mimesis，2003 年，第 249-277 页。（动词 connaître 和名词 connaissance 本身有认识、知识的意思。共—生因此也是对“知识”这个词的分解，体现了知识本质上是一种双方的共同生成、共同领会，而非主体对客体的理性把握这一观点。——译者注）

的主动意义暗中伴随着一种被动意义，两者实为**同一的**。如此一来，两种意义结合一体并显示出一种自反意义，其中的主动性与被动性是浑然一体且无法区分的，由此，对作为行动者的主体和作为动作承受者的客体的区分也随之瓦解。梅洛－庞蒂写道："当我们创作出一段旋律"（这里的"我们"是主体和动词的主格），"旋律自己在我们身上唱响"（而"我们"失去了主体地位，句中动词也同时变成了自反式）。在《可见的与不可见的》一则工作笔记中，梅洛－庞蒂在谈到空窍问题时也同样强调了这一点，与我上文的描述如出一辙。他写道，

> （思考并不是）灵魂的一项**活动**，也不是作为复数形式的思想的产物，我甚至不是创造者，这个**空窍**通过现在的流逝与滞留在我身上自动形成，并不是我使我思，正如也不是我命令我的心脏跳动一样。[1]

因此，即使我并非我的思想的创造者，也不是空窍的创造者，某物在这空窍中**自行产生**——甚至更佳，**与它一同**产生：比如说，一段旋律。这就像是说，一个创造的进程在我身上自行启动，而我并非作者。又或者说，"迎接"（传统上被视为一种被动态度的表现）和"创

1 M. 梅洛－庞蒂，《可见的与不可见的》，第 275 页（中文版第 280 页）。

造”（传统上被视为一种主动态度）其实是**共为一体**的。这同时也意味着理念在来临之前并不预先存在，这也是另一个决定性的反柏拉图主义因素。

在此我想强调的是，上文中描述的**理念的降临发生在我们与世界的相遇中**，在被我们称为存在的这个更为广阔的关联界域之中：因此，理念的到来是一个**本体论层面的事件**（événement ontologique），而不是个人的“心理事件”。但还应指出，我们正在描述的这个事件——空窍在我们的身体上自行打开，而得益于此，某物通过敞开的空窍自行产生——并不仅仅适用于理念的产生，也同样适用于价值观念：作为我们各项行动的基础，所有价值观似乎也根据同样的被动创造原则自行产生[1]。

不管是理念还是价值观，我们看到了它们怎样在我们成为 – 空窍的事件中诞生：我们并非其创造者，因为塑造出这些念头的并不是我们，而是**我们与世界的相遇**，令它们在一种“无须思考”[2]的思想中得到表达——梅洛 – 庞蒂在一则关于自然的课程笔记中写到——也就是说，一种暂且**什么都看不见**的思想，或者用普鲁斯特

1　我们可以从这一角度来理解梅洛 – 庞蒂对克劳德·西蒙所下的评论：“决定并不是凭空出现的（*ex nihilo*），并不是在现在这一瞬刚刚决定的，而是早已被预知，因为我们就是一切，万物都与我们默默连通。我们不是决定去做某事，而是任它自行实践。”M. 梅洛 – 庞蒂，《法兰西学院课程笔记（1958—1959 及 1960—1961）》，第 214 页。

2　M. 梅洛 – 庞蒂，《自然：法兰西学院课程笔记》，第 351 页。

的话说，这思想中所有的念头都“被幕纱覆盖于黑暗之中”。所以，一方面，在我们作为空窍自行敞开的时刻，形成了我们的主动存在和被动存在之间的无差别状态；另一方面，在这一无差别的中心获得表达之物并非由我们造就的，而是来自我们与世界的相遇：这就是反映自身的存在，或者换一种说法，这就是**在我们身上自行思考**之物。这也是为什么我们说这些被光芒照亮的理念并非简单的“心理事件”，而是**本体论层面**的事件。

或许，通过以上论述，我们可以更好地理解梅洛－庞蒂所说的当今时代人与存在关系的转变。显然，这些转变并不意味着我们刚刚揭示的这些动因**从此刻开始**被制造出来，因为这种说法暗示着现如今理念是这样产生的，而此前则是另一种情况。我们所说的这种转变更大程度上来自当今时代的这些体验**正在获得全新的表达方式**，并催生了德勒兹所界定的“构成一种新的思想图像的深层因素”[1]。他随后还确认道：“对，一种新的思考行为的图像，它在思想本身之中的运行、生成，这就是我们在寻找的东西。”[2]

1 G. 德勒兹，《论尼采与思想的图像》（Sur Nietzsche et l'image de la pensée, 1968），J.-N. Vuarnet 编，收入 D.Lapoujade 主编，《荒岛：文集与访谈录 1953—1957》（*L'île déserte. Textes et entretiens 1953-1957*），巴黎：Minuit，2002 年，第 193 页。《思想的图像》是德勒兹《马塞尔·普鲁斯特与符号》（1964）一书第一版“结论”部分的标题，“四马二轮战车”丛书（Quadrige），巴黎：PUF，1998 年；此外，它也是《差异与重复》（1968）书中一章的标题，“厄庇墨透斯丛书”（Épiméthée），巴黎：PUF，2009 年，第 169 页起。

2 G. 德勒兹，《荒岛：文集与访谈录 1953—1957》，第 193 页。

如此，我们的时代将会带来——又或者，根据第三章中涉及的“概念”一词的拉丁语词源，我们也可以说“重新带回”——对我们的存在－空窍的表达，描述这种既非空虚也非充盈的存在模式，尽管此前得到哲学传统青睐的主体概念总是采取两种模式之一：主体要么是充盈的，赋予世界以意义；要么是空虚的，从世界中获取意义。

表达人与存在关系的转变因此也意味着对我们的存在的全新描述，不再从“主体”的角度、从与“客体－世界”的对立出发，而是把存在描述为作为“共鸣腔”的空窍，就像前面梅洛－庞蒂引文中所说，任旋律在我们身上**自行**唱响，当然，前提是我们会与它和谐地产生共鸣。实际上在空窍中回响的，是我们与世界之肉身的相遇，这一“共鸣”并非对在他处已经形成的声音的复制，而是形成一层特殊的创造性价值——这也是共鸣腔的意义所在。

鉴于此，或许我们还需要进一步指出，将我们的存在描述为“成为－空窍”或“内褶”，实际上是对梅洛－庞蒂为普鲁斯特笔下的“音乐理念”所做描述的补充。存在，传统上被视为迷惑性的不断变化的可见世界背后永存不变的本质，可以通过一种特殊的**视觉**通达其真谛——也就是理念的存在——而如今，我们看到了它无法抹去的感性之根，借助这种在本质上与时间——也就是与变化相联系的艺术，以相遇的模式存在的艺术——**倾听**——令它摆脱了传统的对立和再现模式，这种艺术令我们可以用非实体，甚至是非一致性的方式思考我们与理念的共同存在：显然，这就是音乐[1]。

结论：在本章，我们试图描述了在主动性与被动性之间一种无区分的关系，它与我们具有创造性（créativité），但并非创造者（auteur）的存在是统一的。要定义这样一种关系，借用梅洛－庞蒂后期哲学中一个核心概念来表述再合适不过：这就是交织（Chiasme），根据这种原则，"一切与存在的联系都**同时是**把握和被把握，把握就是被把握，把握就是记载，就是被记载在他所把握的那个存在中"[2]。

这一叙述应该足以使我们领会梅洛－庞蒂所说的自黑格尔开始西方思想遵循的发展方向，而在我看来这一方向显然还在继续。这就是我们在本章开头提到的对当前人与存在关系的转变的表达。为清晰表达自身，这种思想必须从原本的哲学转变为（至少依据梅洛－庞蒂所看到的意义和目的来理解的）一种非常规哲学。

1　在这一问题上，可以用普鲁斯特小说中的另外一段来作为例证：在小说第一章，普鲁斯特描述了维尔迪兰奏鸣曲的三个不同演奏版本，其中每一段都联系着一段此前的灵感来源。因此，我们似乎有理由质问其同一性寓于何处？关于这一疑问，请参见拙作 M. 卡波内，《维尔迪兰奏鸣曲的构成：普鲁斯特笔下听不见的音乐》（Composing Vinteuil：Proust's Unheard Music），D.Jacobson 译，*Res* 杂志，n°48，2005 年秋季刊）。本书中观点与 J.-L. 南希在《倾听》（*À l'écoute*，巴黎：Galilée，2002 年）一书中阐发的观点也有一致性。

2　M. 梅洛－庞蒂，《可见的与不可见的》，第 319 页（中文版第 340 页）。

实际上，如果我们并非与世界对立的主体，而是空窍，是与世界相遇的共鸣空间，显然哲学的“攫取”（saisir）意图就不可能实现，因此也再次被作为问题提出。关于这一点，梅洛－庞蒂写到，哲学并不是“在生命之上的、悬在上方的”[1]。因此它无法**攫取**生活的本质并以智力将其占有。

然而，从米利都的泰勒斯（Thalès）开始，哲学在传统上就一直轻视生活，保持着与生活的距离，而这种疏离的态度也奠定了哲学的身份：将生活视为“非哲学”。这令我想到了柏拉图讲的那个关于泰勒斯的小故事，这位哲学家专心致志地抬头观察天上的星星，却没有留意脚下而失足落入井中，这一幕刚好被路过的一位色雷斯的小侍女看见，哲学家因此被她嘲笑[2]。一种借助于非哲学（也就是依据生活，作为哲学所划出的非哲学领域的名称之一）的哲学，将非哲学视为哲学本身的一个侧面，而不是与哲学分离的他者，这就是梅洛－庞蒂的哲学观，也被他称为非常规哲学。而这一哲学的根本**原则**（从它同时作为最初契机与最根本概念的双重意义

1　M. 梅洛－庞蒂，《可见的与不可见的》，第 319 页（中文版第 340 页）。

2　关于这则小故事的历史和传播，以及对当前的影响，参见汉斯·布鲁门伯格（H.Blumenberg），《色雷斯侍女的轻笑：理论起源的故事》（*Le rire de la servante de Thrace: une histoire des origines de la théorie*，1987），L.Cassagnau 译，巴黎：L'Arche，2000 年。阿德里亚娜·卡瓦莱罗（A.Cavarero）在《柏拉图的反调》（*In Spite of Plato*，1990），S.Anderlini-D'Onofrio 译，剑桥：Polity，1995 年一书中也讨论了这个问题。

来看）**恰恰来自黑格尔的现象学理念**。这就是为什么针对非常规哲学，梅洛－庞蒂写道：

> 由黑格尔制定的原则：我们通过一种现象学（精神的显现）（现象中的精神）而通达绝对。这并非把精神现象视为一种手段、途径……而是因为绝对若非显现为绝对，它也将不复为绝对。[1]

也就是说，显现是内在于存在的一个决定性的方面：而此前，在哲学传统上，它只不过是非哲学领域的标签之一。

是的，这就是我们的结论：哲学与非哲学，正如感性与心智、想象与现实、主动性与被动性、主体与客体……废除形而上学设置的这些二元对立，将它们用可见的与不可见的之间的关系来进行总结，以此命名这些不同极点之间**密切的互相从属**（co-appartenance intime），从而改变哲学的态度和语言，使之适于描述目前在人与存在关系方面的转变，这将是哲学有待完成的任务。除此之外别无其他路可选，因为哲学并不是个人的自传，所有的思考和写作都不是思想者个人的任务，而是思想本身的任务。

1　M. 梅洛－庞蒂，《法兰西学院课程笔记（1958—1959 及 1960—1961）》，第 275 页。